Gerenciamento do estresse

Dados Internacionais de Catalogação na Publicação (CIP)
(Câmara Brasileira do Livro, SP, Brasil)

Fernandes, Fernando
　　Gerenciamento do Estresse: técnicas eficazes do oriente e do ocidente / Fernando Fernandes. – 1ª ed. – São Paulo: Ícone, 2012.

Bibliografia
ISBN 978-85-274-1199-8

1. Administração do estresse. 2. Conduta de vida. 3. Estresse (Psicologia). I. Título.

12-00824　　　　　　　　　　　　　　　　　　　　CDD-155.9042

Índices para catálogo sistemático:
1. Estresse: Psicologia　155.9042

Fernando Fernandes

Gerenciamento do estresse

✓ técnicas eficazes do Oriente e do Ocidente

ícone editora

1ª edição
Brasil – 2012

© Copyright 2012.
Ícone Editora Ltda.

Design gráfico, capa e diagramação
Richard Veiga

Fotos
Fernando Fernandes

Revisão
Juliana Biggi

Proibida a reprodução total ou parcial desta obra, de qualquer forma ou meio eletrônico, mecânico, inclusive por meio de processos xerográficos, sem permissão expressa do editor (Lei nº 9.610/98).

Todos os direitos reservados à:
ÍCONE EDITORA LTDA.
Rua Anhanguera, 56 – Barra Funda
CEP 01135-000 – São Paulo – SP
Tel./Fax.: (11) 3392-7771
www.iconeeditora.com.br
iconevendas@iconeeditora.com.br

SUMÁRIO

Introdução, 7

1. O estresse no brasileiro, 9
2. O que é estresse? Eu estou estressado?, 13
3. Administração do estresse no trabalho, 21
4. Realinhamento: você em ordem, 25
5. Técnicas de gerenciamento do estresse, 31
    5.1. As técnicas ocidentais, 32
        5.1.1. *Coaching*, 32
        5.1.2. *Biofeedback*, 37
        5.1.3. *Mindfulness*, 43
        5.1.4. Treinamento autógeno, 48
        5.1.5. Relaxamento progressivo, 55
    5.2. As técnicas orientais, 58
        5.2.1. Ioga, 58
        5.2.2. Ioga laboral, 64
        5.2.3. *Pranayamas* (exercícios de respiração), 68
        5.2.4. *Asanas* (posturas ou exercícios físicos), 73
        5.2.5. Meditação, 78
        5.2.6. Acupuntura, 83
6. Gerencie bem sua vida, gerencie bem seu estresse, 87

Bibliografia, 91

INTRODUÇÃO

• • •

Pensávamos que trabalharíamos menos no século XXI. Os avanços tecnológicos facilitariam nossas vidas, encurtariam distâncias, e tudo ficaria mais simples e rápido.

Mas nada disso aconteceu. Nosso dia a dia ficou ainda mais complexo, conturbado, com várias demandas a serem atendidas. Com dificuldade, nos desdobramos para atender às necessidades da família, do trabalho, dos amigos.

Internet, computador, celular e TV a cabo não representaram mais tempo para o lazer, e sim, mais tempo ocupado, mais tempo **estressado**.

Muitas pessoas passaram a viver o tempo todo em estado de alerta, não só por vivermos na era digital, em que se tornou quase imperativo estar disponível o tempo todo, todos os dias, mas também por vivermos em uma época de insegurança: instabilidade de empregos, cidades violentas, concorrência acirrada, desigualdades sociais etc.

No entanto, ainda que todos nós mudássemos completamente nosso estilo de vida, a **ausência de estresse** não seria possível.

O estresse faz parte da história do ser humano e **não é uma doença**, como muitos imaginam. É, ao contrário, uma reação natural do organismo a uma situação perigosa – real ou imaginária.

O estresse prepara bioquimicamente o corpo do ser humano para "lutar ou fugir". Portanto, teve um papel fundamental na garantia da preservação da espécie humana. Sem esta pronta-resposta do organismo a uma situação-limite, é muito provável que os homens não tivessem resistido por tantos anos sobre a Terra.

No entanto, hoje em dia, essa pronta-resposta, em vez de garantir a preservação de nossa vida, vem **podando nossas forças vitais**. Deixamos de ter medo somente do leão faminto que sondava nossa caverna para ter medo de múltiplos fatores de nosso cotidiano: medo de ser assaltado, de perder o emprego, de não conseguir pagar as contas, de não ser bem-sucedido, e de vários outros fatores.

Ora, se eliminar o estresse completamente de nossas vidas é impossível, então estamos em um **beco sem saída?** Não. Existe a alternativa do **gerenciamento do estresse**. Algo como: se não pode vencê-lo, junte-se a ele. Você se junta ao estresse e o faz trabalhar a seu favor quando reconhece seus sintomas e decide fazer algo para lidar com isso em seu cotidiano. Vencê-lo, eliminá-lo completamente de sua vida, não é possível. Mas gerenciá-lo, sim, é viável e recomendável para quem deseja ter uma vida mais saudável, mais tranquila, mais feliz.

Nesse livro são apresentadas algumas técnicas simples e eficazes para aqueles que pretendem transformar suas vidas – para melhor!

1

O ESTRESSE NO BRASILEIRO

• • •

Um estudo realizado em 2010 com 32.100 executivos brasileiros (de ambos os sexos) revelou que: **76% dos executivos brasileiros são sedentários; 63% possuem colesterol e triglicérides altos; 59% têm sobrepeso; 25% têm hipertensão.**

A pesquisa foi conduzida pelo Hospital Alemão Oswaldo Cruz, de São Paulo, e veio reforçar o número apresentado pelo Centro de Psicologia e Controle do *Stress*, de Campinas, mostrando que **40% dos executivos brasileiros sofrem de estresse**.

Além disso, se comparado a outros povos, o brasileiro lida pior com o estresse, daí as taxas elevadas daquilo que é definido pelos especialistas como *burnout*, o último nível de estresse.

Segundo dados de 2010 da ISMA-Brasil (associação integrante da *International Stress Management Association*, organização internacional de pesquisa, prevenção e tratamento do estresse), na população economicamente ativa do país, as taxas de estresse extremo somente são menores do que as apresentadas pelos japoneses. Isso significa que **30% da população economicamente ativa do Brasil já chegaram ao nível máximo de estresse**.

O Japão, em primeiro lugar na lista dos mais estressados, possui taxa de *burnout* de 70%. Entre os japoneses, o problema se explica pelas longas jornadas de trabalho e uma cultura que não valoriza a verbalização de opiniões e emoções.

No Brasil, o problema é outro. A tensão vem pela sobrecarga de tarefas e do medo de demissão, os dois fatores mais citados pelos entrevistados da pesquisa feita pela ISMA-Brasil.

Aqueles que sofrem de *burnout* apresentam um quadro de exaustão, ceticismo, alienação e agressividade no trabalho, sensação de incompetência e baixa produtividade. Além disso, o estágio de *burnout* **diminui o desempenho de um profissional em 5 horas**, em média. Isso representa um **prejuízo estimado de 3,5% do PIB nacional anual**, segundo a ISMA-Brasil.

Um fator assustador dessa pesquisa promovida pela ISMA é que, apesar de 30% dos brasileiros sofrerem de *burnout*, uma parcela enorme da população sofre as consequências do estresse, nos mais variados níveis. Cerca de **70% dos brasileiros sofrem as consequências do estresse**.

Apesar do índice alarmante de estressados, a população brasileira tem dificuldade em reconhecer seu próprio estresse. Se perguntado se está estressado, o brasileiro tende a dizer que não, no entanto, se questionado sobre alguns sintomas típicos de estresse, a resposta é afirmativa para muitos deles.

Mas afinal, estamos ou não estressados? O Instituto Ipsos concluiu que sim, o brasileiro está estressado, mas não sabe disso.

Em 2010, numa pesquisa internacional com sete países, o Brasil figurou em primeiro lugar como o país menos estressado do grupo. Entre os brasileiros, somente 36%

afirmaram ter experimentado estresse de forma moderada ou severa no ano anterior.

No entanto, um terço dos entrevistados afirmou sofrer de privação do sono, com comprometimento do desempenho profissional e pessoal, fator desencadeante de estresse. A maioria diz estar descontente com os salários e os custos de vida, sendo as questões econômicas as grandes responsáveis pelo estresse segundo 73% dos entrevistados. E quase metade deles (46%) se considera acima do peso, sendo a insatisfação estética considerada um ponto que influencia o estresse de uma pessoa.

De onde se conclui que a autopercepção do estresse no brasileiro é baixa, o que indica pouco cuidado com sua própria saúde. Negligenciar o estresse em nossas vidas pode ser altamente perigoso não só para nosso bem-estar profissional e pessoal, como pode representar uma ameaça à nossa saúde física e emocional.

Com receio de perder o emprego por serem considerados "improdutivos", muitos profissionais escondem seus sintomas de estresse assim que aparecem. No entanto, o mais recomendado não é a dissimulação do estresse, mas sim, o enfrentamento do transtorno.

O primeiro passo para o tratamento da pessoa estressada é, sem dúvida, permitir que ela se reconheça enquanto tal. Do contrário, sem essa autoconsciência, todo o trabalho do profissional que a auxiliará vai mostrar-se improdutivo.

2

O QUE É ESTRESSE? EU ESTOU ESTRESSADO?

• • •

O estresse é uma reação natural do nosso organismo frente a mudanças, situações perigosas ou circunstâncias nunca antes vividas. É, portanto, necessário ao ser humano, pois garante a atenção e a pronta-resposta a momentos do cotidiano que exigem adaptação e presteza.

Funcionando como um mecanismo de adaptação às transformações da vida, o estresse em determinado nível garante nossa sobrevivência na contemporaneidade, mas não em níveis elevados.

Se em pequenas doses o estresse nos torna mais aptos a lidar com mudanças e alterações de papéis, em grandes níveis o estresse deixa de ser um suporte para ser um entrave no caminho do bem-estar físico e emocional.

Apesar disso, é um engano pensar que **o estresse em si** é uma doença. Ele se torna uma patologia quando a intensidade e a frequência dos fatores estressantes aumentam tanto que o retorno à situação de equilíbrio anterior é prejudicado. Em níveis elevados de estresse, o ser humano tem dificuldade em retornar à calma.

Outra associação frequente que se faz é entre episódios negativos e estresse. **O estresse não tem origem apenas em situações de desconforto ou perigo.** Ainda que experiências negativas possam nos tornar estressados, o estresse também pode ter origem numa situação prazerosa, como o casamento, o nascimento de um filho, a mudança de casa etc.

Outro ponto importante é que **o estresse não pode ser eliminado por completo de nossas vidas, mas pode ser gerenciado**. Isso significa que cada indivíduo deve encontrar em si a carga de estresse que é capaz de suportar, a fim de encontrar seu próprio ponto de equilíbrio e de respeitar seus limites, em prol da saúde.

E, por último, para fechar a lista de frequentes enganos em relação ao conceito, **o grau de estresse de um indivíduo não depende exclusivamente do agente estressante, mas da forma como esse indivíduo interpreta os acontecimentos**. Ou seja, não é possível comparar os diferentes graus de estresse de dois indivíduos apenas contabilizando os momentos ruins por que passaram cada um deles. Não necessariamente alguém que perdeu um ente querido está mais estressado do que outro indivíduo que acabou de bater o carro, resultando numa briga de trânsito. Tudo dependerá da forma como essas pessoas interpretaram os acontecimentos. O estresse, portanto, depende da percepção de cada um sobre a situação que vive.

É exatamente por isso que a mesma profissão ou função pode gerar níveis distintos de estresse em indivíduos com características diferentes.

Quando nos concentramos naquilo que somos e nos dedicamos a uma autoavaliação, reconhecemos nossas capacidades e limitações, e damos o primeiro passo em direção ao desenvolvimento de habilidades para gerenciar o estresse.

Justamente por depender da interpretação de cada indivíduo é que os psicólogos dividem o estresse em negativo e positivo, ainda que as reações bioquímicas que ambos provocam em seu organismo sejam semelhantes.

O estresse positivo, ou **eustresse**, seria a força que nos impulsiona à frente, a fim de lidar com os obstáculos da vida. Já o **distresse** é o estresse negativo, que traz angústia, sentimentos de insegurança e inadequação.

No **ambiente de trabalho**, algumas **fontes de distresse** são facilmente identificáveis, e sua intensidade varia conforme a percepção de cada profissional: carga de trabalho intensa; pressões por desempenho; demissões e reestruturações organizacionais; relacionamento conflituoso com colegas; pouca ou nenhuma informação sobre as atribuições de seu cargo; falta de reconhecimento; falha na comunicação interna; condições de trabalho precárias; preconceito de raça, cor ou credo; insatisfação com o salário e tarefas rotineiras da função que, dependendo das características pessoais do profissional, podem se tornar um fardo.

Muitos executivos aprenderam a lidar com seu nível de estresse, canalizando-o como força motriz em direção ao alcance de suas metas. Entretanto, outros tantos profissionais sofrem psicológica e fisicamente com os fatores acima citados, precisando de ajuda para lidarem melhor com as demandas típicas do ambiente de trabalho.

Gerenciar o estresse dos funcionários tornou-se uma questão estratégica, um imperativo no cenário atual das organizações. Como consequência, muitas empresas vêm aplicando métodos de gerenciamento de estresse em seus funcionários. Eles incluem o ensino de técnicas de relaxamento; exercícios que estimulam o diálogo e a capacidade de ouvir, desenvolvendo a assertividade dos funcionários; métodos para lidar com pessoas de temperamento difícil; técnicas de gerenciamento do tempo; além de técnicas de natureza mais específica para cada empresa, como reordenação do espaço físico, esclarecimento das funções e dos resultados esperados de cada funcionário, reorganização de cargos e funções etc.

Todos esses métodos visam diminuir o nível de tensão do ambiente profissional e minimizar os efeitos do distresse no trabalho.

As **fases do estresse** em um indivíduo são comumente divididas em três: fase de alarme, de resistência e de exaustão (*burnout*).

Na **fase de alarme** os sintomas são predominantemente de natureza física. Se o indivíduo consegue lidar bem com o agente estressor ou o elimina, ele retorna ao seu estado de equilíbrio interno (homeostase). Esta fase é considerada uma adaptação positiva, uma reação saudável do organismo (eustresse).

Caso o indivíduo não encontre uma forma de se reequilibrar e o agente estressor persistir, entra a segunda fase do estresse. A **fase da resistência** traz maior desgaste, pois persiste o estado de alerta no indivíduo, que se "prepara" para o surgimento de possíveis novos agentes estressores. Os sintomas apresentados na primeira fase se modificam e, normalmente, desaparecem, dando lugar a uma sensação de cansaço e desgaste.

O último nível de estresse, a **fase de exaustão (*burnout*)**, aparece quando o agente estressor é contínuo e o organismo esgota sua energia adaptativa, dando lugar ao aparecimento de doenças sérias (distresse).

O estresse no trabalho possui muitas variáveis e muitas fontes, o indivíduo não é o único responsável por seu quadro de estresse profissional, assim como o ambiente organizacional não pode ser apontado como único fator decisivo nesse processo.

Identificar a frequência dos sintomas do estresse nos profissionais, assim como as fontes estressoras e a maneira como o funcionário lida com elas é fundamental para organizações que pretendem enfrentar o chamado "Mal do século XXI".

Um bom passo nessa direção é a aplicação de formulários e questionários que permitem ao empregador traçar um panorama mais amplo do estresse em seus funcionários. Por meio desses questionários, um conjunto de informações cruciais em relação ao bem-estar organizacional pode ser trabalhado a fim de ampliar as opções dos profissionais para lidarem com as situações cotidianas e estressantes.

São muitos os tipos de questionários que identificam o estresse nas organizações, e cada empresa deve escolher o que melhor se enquadra em sua realidade, qual o mais completo, o que oferece respostas mais precisas e relevantes para suas questões e seus desafios.

Abaixo segue um tipo de questionário simples, que abrange tanto questões de cunho pessoal quanto profissional, e pode ser aplicado dentro e fora do ambiente de trabalho. Lembre-se de que ele não é o único, mas pode servir como guia para aqueles que já sentem a necessidade de procurar ajuda de um profissional ou para aqueles que não se acham estressados, mas começam a sentir sintomas físicos e emocionais frequentemente associados ao estresse.

Para as organizações, esse questionário simples elaborado pela ISMA-Brasil pode ser o pontapé para pesquisas e iniciativas mais amplas em relação ao corpo de funcionários.

Marque um X ao lado do sintoma que apresentou no último ano e, ao final do teste, some o total de UMV – Unidade de Mudança de Vida.

TESTE SEU NÍVEL DE ESTRESSE – EVENTOS OCORRIDOS NO ÚLTIMO ANO

Saúde	UMV	
Uma doença ou lesão que foi:		
Muito séria	74	
Moderadamente séria	44	
Pouco séria	20	
Casa e Família	**UMV**	
Mudança de residência	40	
Grande mudança nas condições de vida	42	
Mudança nos hábitos familiares	20	
Grande mudança na saúde ou no comportamento de um familiar	55	
Casamento	50	
Gravidez	67	
Aborto	65	
Nascimento (ou adoção) de criança	66	
Cônjuge começa a trabalhar ou para	46	
Aumento das discussões com cônjuge	50	
Problemas com familiares ou parentes	38	
Divórcio dos pais	59	
Casamento de um dos pais	50	
Separação do casal por dificuldade no trabalho ou no relacionamento	79	
Filho sai de casa	42	
Parente vai morar com você	59	
Divórcio	96	
Nascimento de neto	43	
Morte do cônjuge	119	

Casa e Família	UMV	
Morte de filho	123	
Morte dos pais ou irmãos	101	
Trabalho	**UMV**	
Mudança para novo tipo de trabalho	51	
Mudança nas condições de trabalho	35	
Mudança de responsabilidades no trabalho	41	
Fazendo cursos para ajudar no trabalho	18	
Problemas no trabalho	32	
Grande readaptação nos negócios	60	
Demissão do emprego	74	
Aposentadoria	52	
Pessoal e Social	**UMV**	
Mudança em hábitos pessoais	26	
Iniciando ou concluindo estudos	38	
Mudança de escola ou universidade	35	
Mudança de convicções políticas	24	
Mudança de crença religiosa	29	
Mudança nas atividades sociais	27	
Férias	24	
Novo relacionamento afetivo	37	
Noivado	45	
Problemas de relacionamento pessoal	39	
Dificuldades sexuais	44	
Acidente	48	
Pequena violação da lei	20	
Preso	75	
Decisão importante sobre seu futuro	51	
Realização pessoal importante	36	
Morte de um amigo próximo	70	

Financeiro	UMV	
Perda significante de renda	60	
Aumento significante de renda	38	
Perda/Prejuízo na propriedade pessoal	43	
Grande aquisição	37	
Pequena aquisição	20	
Dificuldades de crédito	56	

Total geral: _____

Seu risco de adoecer num futuro imediato é:

Pontos UMV	Nível de risco	Probabilidade de adoecer
0-200	Baixo	1 em 10
201-300	Moderado	3 em 10
301-450	Elevado	5 em 10
Maior que 450	Alto	7 em 10

Diante do resultado deste questionário, faço um convite para que você conheça o quadro mais amplo do estresse no ambiente de trabalho que, afinal, é onde vivemos boa parte de nosso tempo, onde depositamos boa parte de nossas expectativas e projetos de vida.

3

ADMINISTRAÇÃO DO ESTRESSE NO TRABALHO

• • •

A sobrecarga de tarefas e o medo de demissão são os dois agentes estressores mais citados pelos brasileiros quando se referem ao estresse laboral, mas não são somente estes dois fatores que compõem o quadro de estresse no ambiente de trabalho.

De forma mais ampla, o estresse do trabalhador afeta ambos os lados – empregado e empregador, daí ter se tornado objeto de estudo e dedicação tanto fora quanto dentro das organizações. O funcionário estressado possui menor desempenho, falta mais, provoca maior rotatividade de mão de obra nas empresas e mais acidentes.

No entanto, conforme já explicado, a simples exposição a agentes estressores no ambiente de trabalho não determina que um indivíduo ficará estressado. A forma como cada um interpreta os acontecimentos em sua vida tem papel fundamental neste processo. A **mente do indivíduo** possui, portanto, papel primordial neste processo de desencadeamento do estado de estresse.

Ao assumir um projeto de longo prazo, que exige bastante pesquisa, organização e concentração, o trabalhador pode encará-lo de diversas formas, entre elas, como uma tarefa que lhe exigirá comprometimento e proatividade e, portanto, mais oportunidade de se destacar no ambiente profissional e alcançar reconhecimento de seus superiores.

Outro indivíduo, assumindo o mesmo projeto, porém, apresentando outro tipo de interpretação dos fatos, pode encarar a atividade como cansativa, sem sentido e estressante. A tarefa é a mesma, mas os indivíduos não são os mesmos. Daí a possibilidade de haver ou não estresse envolvido na condução desse projeto.

Isso nos deixa uma mensagem clara: **para haver estresse no trabalho, é preciso que o indivíduo avalie a situação como estressora.** O estresse ocupacional se dá quando o indivíduo interpreta os fatos que ocorrem no local de trabalho como estressores e estes fatores excedem a capacidade do profissional de enfrentá-los, provocando reações negativas.

Os **estressores organizacionais** podem ser de **natureza física**: muito barulho, iluminação precária, ventilação insuficiente, muito frio ou muito calor, desorganização de móveis, ferramentas com formato inadequado, movimentos repetitivos, posturas não ergonômicas, ambiente sujo, poeira, exposição a produtos químicos, a máquinas e equipamentos perigosos etc.

Mas os **estressores** que comumente mais chamam a atenção de pesquisadores e profissionais da área são os **de fundo psicossocial**. São aqueles que envolvem os relacionamentos interpessoais no ambiente de trabalho, as perspectivas de desenvolvimento na carreira, a possibilidade de ter seu trabalho reconhecido etc.

É importante ressaltar, no entanto, que a resposta de cada um aos agentes estressores no ambiente ocupacional é absolutamente pessoal e deve ser compreendida dentro de um contexto amplo, que incluem não somente o ambiente de trabalho, mas toda a situação de vida daquele indivíduo.

Ainda assim, é possível enumerar algumas respostas comuns de indivíduos que estão enfrentando ambientes de trabalho estressantes. Algumas dessas respostas: tremores ou sensação de fraqueza; tensão ou dor muscular; inquietação; fadiga frequente; falta de ar ou pouco fôlego; palpitações; sudorese, mãos frias e úmidas; boca seca; vertigens e tonturas; náuseas e diarreias; rubor ou calafrios; aumento da frequência ao banheiro; sensação de bolo na garganta; impaciência; resposta exagerada ao que é inesperado; dificuldade de concentração ou memória prejudicada; dificuldade em conciliar e manter o sono; irritabilidade; vício no trabalho – comportamento *workaholic*; mudança significativa e aparente no comportamento e na personalidade; hipocondria ou excesso de remédios tomados devido à variedade de sintomas apresentados.

Todos esses fatores, dependendo do contexto, podem indicar doenças graves ou um quadro transitório de ansiedade ou fadiga, sem necessariamente estarem ligadas ao estresse, seja na vida pessoal, seja no trabalho. O importante é ressaltar a importância do autoconhecimento e da autorreflexão para o indivíduo acometido por esses sintomas, bem como a atenção ao comportamento e à saúde dos funcionários por parte das empresas.

Sintomas como os descritos acima não devem ser negligenciados, especialmente se aparecerem com frequência e associados a outros sintomas e fatores estressantes.

4

REALINHAMENTO: VOCÊ EM ORDEM

• • •

O consultor Michael D. Watkins, autor de alguns *best-sellers* na área de liderança e negociação, como o livro *Os Primeiros 90 dias*, escreveu um artigo para a *Harvard Business Review* em que menciona seu modelo STARS, um acrônimo em inglês que representa as cinco situações para as quais um líder deve estar preparado para enfrentar na atualidade.

STARS, conforme explica Watkins, representa *start up*; recuperação (*turn around*); crescimento acelerado (*accelerated growth*); realinhamento e sustentação do sucesso.

O modelo, portanto, serve de orientação para aqueles líderes que precisam lançar um projeto ou empreendimento (S: *start up*); salvar um negócio ou uma iniciativa em sérios apuros (T: recuperação); lidar com uma rápida expansão (A: crescimento acelerado); reenergizar uma empresa que já foi próspera, mas passa por dificuldades no momento (R: realinhamento) e dar continuidade ao forte legado de sucesso de um líder tido em altíssima estima (S: sustentação do sucesso).

A proposta parte de um pressuposto simples: se o líder sabe identificar a situação na qual está imerso, fica mais fácil traçar metas para lidar com ela. A partir da identificação do cenário com o qual tem de trabalhar, é possível compreender melhor as mudanças organizacionais necessárias e os desafios e as adaptações pessoais que lhe serão exigidos.

Desta forma, ao comparar recuperação (*turn around*) e realinhamento, Watkins traça estratégias distintas, tanto para a atuação do líder em relação à empresa quanto em relação ao seu próprio comportamento. Para a recuperação, por exemplo, o consultor recomenda que, ao montar uma equipe de liderança, o gestor promova uma limpeza nos altos escalões e contrate talentos externos; já para o realinhamento é recomendado que se faça algumas mudanças importantes, mas que se promova gente de alto potencial dentro da própria empresa.

Em termos de mudanças no próprio comportamento, Watkins explica que a recuperação exige um estilo heroico de liderança, pois as pessoas estão sedentas de esperança e aguardando alguém que vá reunir o grupo para enfrentar as dificuldades. Em tempos difíceis, as pessoas reúnem-se em torno do líder e acatam suas ordens, sem muita resistência.

Já no realinhamento, o líder precisa ser mais diplomático, mais cativante, e precisa envolver o grupo em torno da necessidade da mudança.

Mas o que o modelo STARS tem a ver com a administração do nosso estresse?

Primeiro, a ideia de que só é possível garantir uma resposta adequada a uma situação-limite quando há uma avaliação precisa – tanto quanto for possível – do cenário no qual estamos imersos.

Segundo, a proposta de promover mudanças não só no ambiente de trabalho, mas também mudanças pessoais, que promovam respostas mais eficazes (e, por isso, mais saudáveis) a situações difíceis do dia a dia.

E terceiro, o conceito de **realinhamento** como a reenergização de algo que já foi próspero, mas que passa por dificuldades no momento – conceito que pode ser perfeitamente aplicado não só a empresas, como também a nós mesmos.

A proposta do **realinhamento para o tratamento do estresse** parte do pressuposto de que cada ser humano é único e, portanto, possui características que o diferenciam de todos os outros seres humanos, daí a necessidade de que o tratamento para seu quadro de estresse – esteja ou não envolvido com o trabalho – seja também personalizado.

O gerenciamento do estresse tendo o realinhamento como princípio, portanto, não parte da escolha da técnica de tratamento para a posterior avaliação das respostas do indivíduo àquele mesmo tratamento. O caminho no realinhamento é inverso.

Primeiro é realizada a avaliação do quadro de saúde e da situação de vida do paciente, para só então, a partir destes dados, escolher a técnica apropriada, ou um conjunto de técnicas, para o gerenciamento do estresse daquele indivíduo.

Normalmente, essa avaliação inicial é feita com um teste do ISMA-Brasil que faz um breve inventário de causas e estratégias para lidar com o estresse. Nele são observados aspectos de sua vida até os 18 anos, avaliadas mudanças significativas que ocorreram recentemente em sua vida, seus sintomas de estresse físicos e psicológicos, seus padrões de comportamento e emoções, assim como hábitos de saúde, círculo de amizade, nível de satisfação com a vida que leva, sua forma de reagir ao estresse e suas metas de vida.

Com o objetivo de realinhar e harmonizar suas funções físicas e psicológicas e lhe trazer mais qualidade de vida e bem-estar, o gerenciamento do estresse pautado no realinhamento vai traçar um programa de tratamento próprio para você, baseado no seu jeito de ser e estar no mundo. É por isso que o realinhamento põe você em ordem, pois respeita suas particularidades.

O resultado do teste é avaliado por profissionais especializados que interpretarão os fatores que estão por trás de queixas como cansaço, desânimo, irritabilidade, falta de concentração, falha de memória, insônia, entre outros que já vimos, ou de queixas de doenças como diabetes, hipertensão arterial, gastrite e outras tantas enfermidades que acometem pessoas que vêm mostrando um quadro de estresse crônico, prolongado e sem tratamento adequado.

Os programas de gerenciamento de estresse baseados no realinhamento procuram ter o maior número de técnicas disponíveis para o tratamento de seus pacientes, a fim de garantir uma abordagem mais abrangente e precisa do quadro clínico do indivíduo. Por isso, os programas mais completos apresentam técnicas orientais e ocidentais de gerenciamento do estresse.

Essas técnicas vão desde recursos modernos como o *coaching*, que organiza o processo do estresse no indivíduo identificando metas para o retorno ao equilíbrio, bem como os obstáculos (os agentes estressores) e as estratégias (técnicas) a serem aplicadas; até técnicas milenares da tradição oriental, como a ioga, que busca o estado de harmonia e equilíbrio físico e mental.

Portanto, o gerenciamento do estresse passa por algumas etapas quando baseado no conceito do realinhamento:

1ª etapa: Conscientização e compreensão de seu nível de estresse;

2ª etapa: Avaliação do seu quadro clínico e escolha das técnicas de gerenciamento de estresse mais adequadas à sua realidade;

3ª etapa: Aplicação das técnicas e promoção de relaxamento físico e psíquico, aprimorando o autoconhecimento e conduzindo ao desenvolvimento da autonomia e autoconfiança do indivíduo.

As três etapas devem ser seguidas para que o tratamento seja efetivamente personalizado e voltado para o autogerenciamento do estresse no indivíduo. O objetivo final, portanto, é promover a autonomia do paciente por meio da conscientização de seu estado de saúde e dos padrões de comportamento e pensamento que este apresenta em situações-limite.

As técnicas de gerenciamento do estresse permitirão que você conheça mais de si mesmo – elas apontarão comportamentos típicos que surgem quando você está estressado e também padrões de pensamento. Exemplo: quando Alberto está estressado, ele sente dor no estômago, dores de cabeça frequentes e passa a dormir mal. O nível de concentração cai e a memória começa a falhar, e seu comportamento passa a ser de resistência, negando-se a colaborar com colegas de trabalho, tornando-se altamente crítico e resistente a mudanças.

Ao reconhecer os sintomas físicos e psíquicos do estresse, você passa a ter maior autoridade sobre seu próprio corpo e sua mente, e o gerenciamento do estresse é facilitado.

Vejamos o caso hipotético de Alberto. Ao avaliar-se, ele percebe, por seus padrões de comportamento e pensamento, que está entrando num quadro de estresse. Entretanto, ao passar por um tratamento de gerenciamento de estresse baseado nos princípios de realinhamento, Alberto aprendeu a como lidar com o quadro, tendo em conta sua história de vida, preferências e habilidades.

Quando recebeu a tarefa de tocar um novo projeto da empresa para a qual trabalha, Alberto se sentiu desafiado e motivado, mas também ansioso, e passou a sentir dores no estômago e de cabeça com frequência. Desde que percebeu os primeiros sintomas físicos, Alberto lembrou-se do tratamento e dos conselhos para gerenciar seu estresse. Repetindo a técnica do *coaching* efetuada naquela ocasião, Alberto traçou metas, verificou os obstáculos e reuniu estratégias para lidar com eles. Foi aí que percebeu que trabalhar pela manhã lhe deixava mais tranquilo, pois era o momento do dia que estava mais concentrado e com mais energia. Todas as tarefas que exigiam dedicação e concentração, ele passou a fazer até o meio-dia. Após esse horário, Alberto conduzia tarefas dentro do projeto que exigiam interação com outras pessoas e outros tipos de demandas que não envolviam concentração e memória. Resultado: suas dores de estômago e de cabeça logo desapareceram, e o projeto foi entregue como previsto, superando as expectativas.

O realinhamento é isso: permitir que você se conheça melhor e promova, de forma autônoma, a ordem e o equilíbrio em sua vida por meio de técnicas que respeitam o seu modo de ser e estar no mundo.

No próximo capítulo você conhecerá algumas dessas técnicas.

5

TÉCNICAS DE GERENCIAMENTO DO ESTRESSE

• • •

Existe atualmente uma série de técnicas que prometem eliminar o estresse de sua vida. Mas isso, conforme já mencionamos, não é possível. Gerenciar o estresse é possível, eliminá-lo, não.

Isso porque nossa vida é dinâmica, os cenários mudam, nossa realidade e nosso organismo passam por transformações e, portanto, nos exigem respostas diferentes continuamente, o que pode acarretar algum nível de estresse.

As respostas mais eficazes ao seu nível de estresse são aquelas que respeitam sua individualidade e, portanto, não lhe agridem nem física nem emocionalmente.

Para que uma resposta ideal seja traçada, é preciso que o autoconhecimento seja desenvolvido de forma ininterrupta. Se o estresse é algo que não podemos evitar na vida, a melhor forma de lidar com ele é nos conhecendo muito bem.

Mas nunca acredite que você já se conhece plenamente e que não há mais nada para ser feito em termos de autoconhecimento. Sempre há algo para aprendermos sobre nossas emoções e nosso estado físico e mental.

Nesse capítulo você vai conhecer algumas técnicas de origem ocidental e outras de origem oriental que promovem a conscientização e compreensão do nível de estresse do seu organismo.

5.1. AS TÉCNICAS OCIDENTAIS

As técnicas ocidentais que aqui apresentarei se baseiam em estudos científicos desenvolvidos por especialistas no tratamento do estresse. Envolvem, algumas vezes, o uso de aparelhos modernos e de tecnologia avançada para identificar tensões de seu corpo e podem servir como poderosos instrumentos de tratamento, desde que observado o objetivo central: o de promover a autoconscientização de seu estado de saúde físico e mental.

Outras se baseiam em pesquisas na área de psicologia e fisiologia para traçar um perfil de comportamento e de pensamento típicos de quem sofre de estresse, bem como sintomas físicos, que servirão como norteadores de práticas de relaxamento e de reorganização do estilo de vida, promovendo saúde e bem-estar.

5.1.1. *COACHING*

A técnica do *coaching* é conhecida por muitos profissionais, especialmente por aqueles que já passaram por algum momento na carreira em que houve necessidade de pedir ajuda profissional (nesse caso, de um *coach*, ou "treinador", em português) para seguir adiante, seja por ter um desafio maior pela frente, como mudança de empresa, alcance de um cargo mais elevado e de maior responsabilidade, dificuldade em gerenciar sua equipe etc., seja por precisar organizar os pensamentos e objetivos de vida para seguir outro rumo, escolher uma nova carreira ou até mesmo para tomar decisões na vida pessoal.

O *coaching*, portanto, é uma técnica abrangente, que possui uma variada gama de aplicabilidade. E exatamente por se prestar a diversos usos, o *coaching*, quando aplicado à saúde do indivíduo, o trata globalmente, reordenando-o como um todo. Mas, afinal, o que é o *coaching*?

A técnica do *coaching* envolve o *coach* (aquele que treina) e o *coachee* (aquele que é treinado) e visa treinar o indivíduo para que ele mesmo promova seu autodesenvolvimento por meio do levantamento de algumas questões-chaves para o *coachee*, como suas metas, os obstáculos existentes contrapondo-se ao alcance daquelas metas e as estratégias apropriadas para cada uma das respectivas metas e obstáculos.

O *coach*, portanto, atua como um guia, que auxilia o *coachee* a clarear determinados pontos nevrálgicos de sua vida e a alcançar as metas que ele mesmo determinou. Para isso, o *coach* passa algumas tarefas para o indivíduo que está sendo treinado a fim de que ele alcance seus objetivos sem esquecer-se do processo necessário para tanto, atentando para o tempo de execução das tarefas, a metodologia e os procedimentos etc.

O *coaching* funciona então como uma organização sistemática daquilo que é prioritário em sua vida, capacitando-o para o alcance de metas que lhe são caras. O *coach* auxilia o *coachee* a descobrir caminhos de ação para alcançar seus objetivos e ampliar sua qualidade de vida.

∞ Como funciona?

O *coaching* envolve orientação e mudança pessoal. Essencialmente, a técnica consiste em levantar os problemas ou pontos nevrálgicos da vida de um indivíduo, estabelecer as metas que se pretende atingir e desenvolver estratégias para alcançá-las considerando os possíveis obstáculos.

No caso do indivíduo acometido pelo estresse, muitas são as áreas que ele pode identificar como agentes estressores, que merecem sua atenção e consequente mudança de comportamento e atitude.

Ele pode identificar, portanto, objetivos ligados ao trabalho, à família, à saúde, à autoestima, às amizades etc. A partir do estabelecimento de objetivos (metas), o *coach* avaliará as dificuldades de cada um deles (obstáculos) e definirá, em conjunto com o *coachee*, um plano (estratégias) para atingir aqueles resultados pretendidos.

É importante ressaltar que essa técnica não se trata de terapia, e não trata traumas ou fobias, pois o objetivo do *coaching* não é trazer à tona as origens dos problemas que estão ligadas à infância ou a um ponto qualquer do passado. O *coaching* é ação no presente, é a técnica em que se põe em prática estratégias conscientes para lidar com situações incômodas do cotidiano e, portanto, envolve mudança de comportamento imediata a partir da compreensão do problema, do estabelecimento de metas e respectivas estratégias, tomando ciência também dos prováveis obstáculos que virão pela frente.

Outra diferença fundamental entre terapia e *coaching* é que este último não pretende julgar as escolhas do *coachee*, ele não busca explicações sobre as motivações e metas daquele que está sendo "treinado". O *coach* apenas traça, em conjunto com o *coachee*, as metas que são consideradas essenciais àquele indivíduo a partir do que ele próprio percebeu avaliando sua vida e situação presente. Trata-se de uma mudança de postura e atitude, além de desenvolvimento do equilíbrio e de qualidade de vida não por ter alguém avaliando suas motivações, mas por ter colocado em prática aquilo que você mesmo julgava necessário e essencial para livrar-se do quadro de estresse.

O *coaching* promove a autoavaliação, ajuda na formulação de metas de vida simples e objetivas que conduzem a mudanças significativas na vida do indivíduo, que passa a ter maior consciência de seu quadro emocional e físico e lida de forma mais direta e objetivamente com os obstáculos cotidianos.

∽ Essa técnica serve para você?

Qualquer pessoa que passa por um momento desafiador na vida, seja pela carga excessiva de trabalho, seja por problemas pessoais como doença, dificuldades de relacionamento etc., pode contar com essa técnica para compreender melhor o momento que está vivendo e passar a lidar objetivamente com ele, traçando metas específicas e eficazes. São pessoas preocupadas não só em melhorar sua qualidade de vida, mas também em ampliar ou alterar seus objetivos pessoais e profissionais.

∽ Como aplicá-la?

Não existe *coaching* sem um *coach* e um *coachee*, ou seja, sem um treinador e um aprendiz. Por isso, o primeiro passo para quem quer lidar com o estresse usando essa técnica é procurar um profissional habilitado e formado em técnicas de *coaching*.

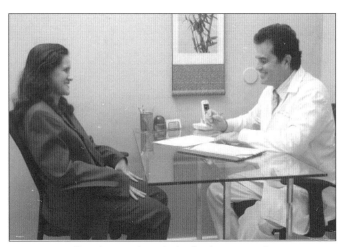
Coachee recebe orientação de seu *coach*.

Esse profissional desenvolverá em você algumas competências que lhe auxiliarão a harmonizar aquilo que você quer alcançar com aquilo que você é atualmente, fortalecendo seu lado observador e proativo, que analisa a situação, levanta objetivos e traça estratégias para alcançar as metas e lidar com os obstáculos.

O *coaching*, portanto, consiste basicamente de: questionamento por parte do *coach* sobre a realidade do *coachee*, sem julgamentos nem tentativa de compreensão da situação atual em situações passadas; reflexão em conjunto sobre as questões levantadas; levantamento, em conjunto, de ideias, opções e planos relevantes, a fim de construírem metas específicas; estabelecimento de metas objetivas, simples e específicas; análise dos possíveis obstáculos que impedem ou dificultam o alcance das metas; em conjunto, *coach* e *coachee* estabelecem as estratégias para lidar com os obstáculos e alcançar as metas, considerando também as atividades que devem ser postas em prática pelo aprendiz, o tempo despendido em cada tarefa e os recursos necessários para sua condução.

O *coach* acompanhará todo o processo em que o *coachee* ou aprendiz põe em prática seu plano, e o auxiliará no estabelecimento de metas desafiadoras, que reforçam a autoestima e autoconfiança do indivíduo.

Todo *feedback* dado ao aprendiz será específico quanto às suas ações, a fim de auxiliá-lo claramente no processo de identificação de comportamentos eficientes para o alcance das metas.

Ao mesmo tempo, o *coach* procurará, em todo o processo de orientação, estimular as ideias e os planos do próprio aprendiz, só oferecendo suas próprias soluções quando o *coachee* mostrar-se completamente estanque, já que o objetivo final da técnica é encorajar o aprendiz a dominar o esquema "análise da situação – estabelecimento de metas – levantamento dos obstáculos – organização de estratégias" e desenvolver nele a consciência de que é responsável por sua qualidade de vida e que pode e deve fazer algo objetivo em prol de sua saúde.

∾ Quanto tempo leva?

Vai depender de cada indivíduo e das metas que ele traçou para si, bem como com a quantidade de tempo que será despendida em cada atividade a ser posta em prática.

5.1.2. BIOFEEDBACK

Em inglês, *feedback* significa retroalimentação ou retorno. No mundo dos negócios, "dar um *feedback*" significa fornecer informações sobre o desempenho, o resultado do trabalho ou mesmo sobre a conduta de alguém, a fim de permitir que o indivíduo se reavalie com mais precisão a partir do olhar e da percepção do outro.

O termo *biofeedback* vem da junção de "bio" (vida) e "feedback" (no sentido de informação). A técnica do *biofeedback* consiste, portanto, no provimento de informações sobre a vida de um indivíduo. Mas não se trata de qualquer tipo de informação.

No *biofeedback* as informações obtidas são cruciais para compreendermos o nível de estresse em que um indivíduo se encontra. São dados precisos e concretos que o corpo fornece à máquina. Por meio da interpretação desses dados, o profissional da saúde pode orientar o indivíduo em relação ao seu quadro de estresse e às melhores formas de gerenciá-lo no dia a dia.

ೞ Como funciona?

Conforme já vimos, "bio" é vida e "feedback" é informação que, nesse caso, pode ser tanto visual quanto auditiva. O *biofeedback* é a técnica de obtenção de informações orgânicas através de uma máquina.

Utilizando aparelhos sensório-eletrônicos, nossos processos fisiológicos são interpretados a fim de obter dados como: atividade cerebral, pressão arterial, temperatura periférica, frequência cardíaca e resposta galvânica da pele.

Existem muitos instrumentos que, por meio de eletrodos, permitem a medição das funções corporais e, portanto, podem ser usados como ferramenta de *biofeedback*. O que abordarei aqui é um programa de computador (Biofeedback emWave PC) criado pelo instituto norte-americano *Heart Math* que faz a leitura da corrente galvânica captada na pele do indivíduo e representa uma das técnicas mais modernas de *biofeedback* da atualidade.

Algumas pesquisas científicas chegaram à conclusão de que o coração pode controlar o cérebro de quatro formas diferentes: pela via neurológica (sistema nervoso), por processos biofísicos (pulso de onda), por processos bioquímicos (hormônios) e pela via energética (campos eletromagnéticos).

Baseados nisso, os pesquisadores concluíram que a melhor forma de gerenciar o estresse é procurando alcançar o que eles chamam de "estado de coerência", termo usado pelos cientistas para descrever uma condição fisiológica altamente eficiente em que os sistemas nervoso, cardiovascular, imunológico e hormonal funcionam eficiente e harmonicamente, trazendo uma sensação de bem-estar físico e emocional.

Mas o que o *biofeedback* tem a ver com o "estado de coerência"? O "estado de coerência" pressupõe não só o equilíbrio entre os sistemas do organismo como também a conscientização do indivíduo sobre seu estado de bem-estar e saúde.

Ao passar por uma experiência estressante, seu ritmo cardíaco se altera, tornando-se irregular ou incoerente. Isso afeta de forma negativa sua saúde. Quando, ao contrário, você vivencia um período de felicidade e bem-estar, seu padrão cardíaco passa a ser ordenado e coerente.

Ao registrar esses padrões de ritmo cardíaco, o programa de computador direcionado ao *biofeedback* também lhe oferece uma poderosa ferramenta de gerenciamento do estresse. Isso porque o grau de coerência de seu organismo é mostrado em tela e uma série de estímulos é exibida em seguida, a fim de conduzir o indivíduo a um elevado nível de coerência.

A coerência elevada do organismo está diretamente ligada a atitudes positivas que enviam sinais ao cérebro e reduzem o estresse, melhorando as funções cerebrais, o equilíbrio hormonal e a resposta imune.

O *biofeedback* funciona, portanto, como um treinamento para que seu organismo responda a uma situação estressante a tempo, antes que o estresse domine suas funções vitais e mine sua saúde. Funciona também como um instrumento para a conscientização do que ocorre em seu corpo, procurando identificar os primeiros sintomas de estresse e ajudando-o a controlá-los voluntariamente.

∾ Essa técnica serve para você?

O *biofeedback* pode ajudar no tratamento de quase todo tipo de quadro de estresse. Mas possui efeitos potencialmente promissores para aqueles que precisam ampliar a memória, a concentração, a atenção, a percepção e o planejamento. O objetivo maior da técnica não é só o relaxamento do indivíduo, mas também a energização e a vitalização de seu organismo.

Com a prática, o indivíduo ganha consciência de processos psicofisiológicos dos quais não tinha consciência anteriormente, passando a ser um agente de seu próprio bem-estar, e não mero paciente.

Guiado por um bom profissional, o *biofeedback* também pode ser utilizado como instrumento auxiliar no tratamento de: dor de cabeça causada por tensão, hipertensão, insônia, dor muscular, ansiedade, reações fóbicas, bruxismo, entre outras enfermidades.

∾ Como aplicá-la?

Os aparelhos e programas de *biofeedback* normalmente não são vendidos para o público em geral, portanto, é necessário recorrer a um profissional de confiança que tenha o material e os recursos necessários.

O objetivo do tratamento não é torná-lo dependente da máquina para que você consiga gerenciar seu próprio estresse. Ao contrário, o *biofeedback* visa tão somente ampliar sua autonomia por meio da conscientização de processos psicofisiológicos em situações estressantes que antes lhe passavam despercebidos.

O *biofeedback* comprova que podemos e devemos ter um controle muito maior sobre nossas funções orgânicas autônomas do que imaginamos a princípio.

No caso específico do programa de computador voltado para essa técnica, o paciente é conectado ao computador por um sensor de dedo ou clipe de orelha que coletará dados de sua pulsação. O programa interpreta os dados fornecidos pelo seu ritmo cardíaco apresentando gráficos que indicam ao indivíduo o quanto seus pensamentos e suas emoções afetam o batimento cardíaco. Na tela do computador, você verá a interação entre seu coração, cérebro e sistema nervoso autônomo e perceberá mudanças no ritmo de batimentos quando está submetido a situações estressantes.

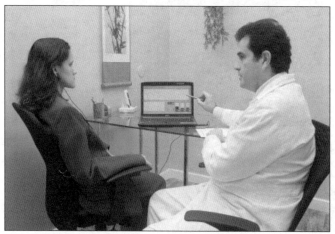

Paciente observa seu ritmo cardíaco na tela.

O programa também indicará seu "nível de coerência". Um nível de coerência elevado reduz o estresse, e é esse o objetivo final do *biofeedback*. O indivíduo será orientado a permanecer no estado de elevada coerência (quando a luz verde acende na tela).

A coerência elevada será alcançada por meio de jogos de computador com os quais interagimos e, ao mesmo tempo, aprendemos a gerenciar nossas emoções e nosso estado psicofisiológico. O indivíduo pode ser solicitado a, por exemplo, colorir uma figura em preto e branco sem utilizar as mãos, apenas recorrendo a pensamentos positivos. O resultado é visto na tela. Não só é possível ver a figura "colorida" pelos seus pensamentos, mas o resultado da atividade em termos de ritmo cardíaco, controle do sistema nervoso autônomo e gerenciamento de emoções e pensamentos.

Paciente interage com o programa através de seus pensamentos.

A técnica também pode ser associada com outras práticas, como a respiração ritmada (inspiração e expiração) e fomento de pensamentos positivos. Essas técnicas correlatas vão lhe auxiliar a lidar com agentes estressores, e o *biofeedback* em si vai ampliar sua percepção do estado emocional e físico em momentos de estresse e de relaxamento. Essa conscientização de seu estado fisiológico em momentos de estresse permite que você o gerencie com respostas adequadas, precisas e específicas.

No consultório, o *biofeedback* vai lhe treinar, para que você mesmo reconheça como seu organismo trabalha sob estresse, quais medidas emergenciais você pode tomar para retornar ao estado de equilíbrio e "coerência" e como alcançar o estado de bem-estar baseado em percepções únicas e precisas de seu próprio corpo.

No entanto, mesmo para quem ainda não encontrou um profissional que trabalhe com essa técnica, é possível praticar alguns de seus princípios em casa mesmo. A diferença é que você não terá o retorno de sua evolução em formato de gráficos, nem contará com os exercícios lúdicos para lhe auxiliar. Mas o exercício descrito abaixo é capaz de lhe trazer bem-estar e pode ser conduzido de forma autônoma, sem o auxílio do profissional de saúde.

Primeiro procure sentar em posição agradável, para garantir seu conforto durante a prática. Dê ritmo à sua respiração (conte até três para inspirar e novamente até três para expirar, mas se preferir pode contar até quatro ou cinco), que deve ser focada no centro do peito (imagine o ar entrando e saindo do centro do peito). Agora traga à tona pensamentos que lhe produzam sensações agradáveis, como, por exemplo, viagens prazerosas, bichos de estimação, situações engraçadas, objetos adorados, pessoas amadas etc.; por último, mantenha o ritmo da respiração associado à manutenção de pensamentos de bem-estar, use imagens mentais, sensações, sons etc.

∾ Quanto tempo leva?

O tempo total de tratamento varia, mas o instituto *Heart Math* sugere o tratamento de dois meses, com 15 minutos de sessões diárias.

5.1.3. *MINDFULNESS*

Mindfulness é a "meditação de atenção plena" e tem como base a meditação vipassana e zen e, a partir da década de 70, os estudos científicos na área de neurociência.

O *mindfulness* treina sua capacidade de atenção por meio da observação do funcionamento de seu corpo e de sua mente. O treinamento em *mindfulness* consiste na observação da forma como seu organismo trabalha, desenvolvendo a capacidade de concentração e focando a atenção do indivíduo para atividades orgânicas que antes não eram conscientes, tais como a respiração, os batimentos cardíacos, as sensações etc.

O objetivo é trazer atenção para o corpo e a mente de forma consciente, porém, sem julgamentos. O indivíduo é levado a experimentar o estado de consciência plena sem traçar opiniões ou tentar encontrar explicações para a forma como seu corpo e sua mente estão atuando.

A pessoa treinada em *mindfulness* age como uma observadora distanciada de si mesmo. Isso significa que, apesar de ser capaz de reconhecer seus mecanismos internos – orgânicos e mentais – ela não os julga, apenas toma consciência deles, trazendo-os à luz.

As pesquisas científicas voltadas para a relação entre corpo, cérebro e mente sugerem que um ambiente repleto de estímulos aumenta o número de conexões neuronais bem como são capazes de gerar novos neurônios, algo considerado impossível até pouco tempo atrás. Uma pesquisa recente conduzida pela Escola de Medicina de Harvard, nos Estados Unidos, e publicada na revista científica *Psychiatry Research: Neuroimaging* comparou as ressonâncias magnéticas de pessoas que foram treinadas em meditação de atenção plena (*mindfulness*) por oito semanas com outras que não passaram por esse treinamento.

O resultado do estudo comparativo mostrou que as pessoas submetidas ao *mindfulness* apresentavam ressonâncias com um aumento da massa cinzenta no hipocampo esquerdo, no córtex cingulado posterior, na junção temporoparietal e em duas áreas do cerebelo.

O aumento da massa cinzenta nessas regiões do cérebro pode estar associado a melhorias na área de aprendizagem e memória. Já o decréscimo da massa cinzenta na região da amígdala, também observado naqueles que foram treinados, indica que o *mindfulness* atua numa área diretamente ligada às sensações de estresse e ansiedade. Portanto, os indivíduos estariam experimentando bem-estar após o treinamento em meditação plena não somente porque estão relaxados, mas porque a prática, efetivamente, modifica os cérebros deles.

༄ Como funciona?

O *mindfulness* foca na vivência plena do momento presente, sem julgamentos, sem críticas, apenas com a observação consciente de cada instante vivido. Isso significa que o indivíduo não vai analisar o que está vivenciando, não tentará traçar uma narrativa lógica para aquilo que experimenta.

A tomada de consciência de cada instante vivido por meio da meditação de atenção plena pode estar ancorada numa palavra, numa imagem ou em um som. Pode também utilizar a própria respiração do indivíduo como norteadora do processo ou mesmo uma oração, uma frase ou um mantra. Essas "âncoras" evitam que o indivíduo se perca em sequências de pensamentos aleatórios que normalmente rondam nossa mente quando tentamos nos concentrar.

O *mindfulness* é o exercício de tornar-se presente em sua própria vida. Trata-se de viver o hoje plenamente – inteiro, dedicado e atento, mas sem ansiedade. É a ampliação da consciência de estar aqui e agora vivendo atentamente em seu corpo e sua mente.

O indivíduo passa a perceber as respostas de sua mente e de seu corpo a situações cotidianas que podem trazer desconforto, ansiedade ou estresse para sua vida. Ele perceberá o quanto essas situações condicionam seu organismo e provocam nele determinada reação negativa. Ao tomar consciência dessas reações, o indivíduo não mais se identifica com elas e se "reprograma" para não mais responder daquela forma, deixando de identificar-se com aquele estado psicológico que lhe causa mal-estar.

A tomada de consciência por meio da atenção plena traz ao indivíduo a oportunidade de responder de forma diferente às mesmas situações cotidianas de estresse, ansiedade e desconforto. Ele passa a escolher formas de reação mais equilibradas, mais positivas e, portanto, mais saudáveis.

∾ Essa técnica serve para você?

O treinamento em meditação de atenção plena é voltado especialmente para aqueles que relatam sintomas de estresse, depressão, dores crônicas, ansiedade, síndrome do pânico, distúrbios gastrointestinais, dificuldade de dormir, fadiga, pressão alta, dores de cabeça etc.

A técnica é utilizada como um complemento ao tratamento médico convencional das enfermidades supracitadas. Inicia-se com o apoio de um profissional e segue com o indivíduo ganhando autonomia para praticar sozinho.

∾ Como aplicá-la?

O programa de redução do estresse baseado em *mindfulness* da Universidade de Massachussetts, nos Estados Unidos, cuja sigla em inglês é MBSR, vem sendo aplicado há trinta anos e volta-se especialmente para aqueles que se queixam de estresse. Muitos profissionais da área da saúde já trabalham com esse programa aqui no Brasil.

O programa MBSR envolve, de início, atividades com um instrutor e prossegue com atividades sugeridas para serem praticadas em casa ou no trabalho.

Mindfulness no ambiente de trabalho.

Os participantes do treinamento devem se reunir semanalmente durante oito semanas. Cada reunião dura aproximadamente 2 horas (com práticas de 15 minutos) e nela o indivíduo será apresentado a técnicas de meditação tais como a "atenção plena" na respiração, o escaneamento corporal (similar à técnica de relaxamento progressivo que você conhecerá mais adiante no livro), a caminhada meditativa e a ioga com atenção plena e posturas corporais leves, fáceis de serem praticadas.

Concluídas as oito semanas de treinamento, cada um será capaz de aplicar a técnica de forma autônoma tanto em casa quanto no trabalho.

Para aqueles que pretendem praticar o *mindfulness*, mas ainda não encontraram um instrutor, é possível alcançar bem-estar com o seguinte exercício, que pode ser conduzido autonomamente.

Primeiro, sente-se no chão ou em uma cadeira e procure não apoiar as costas, tentando manter a coluna ereta. Dessa forma, você não adormecerá. Inicie uma respiração consciente, ritmada e profunda. Você pode inspirar contando até três e fazer o mesmo na expiração (se preferir, pode contar até quatro ou cinco). Após o domínio do ritmo e da profundidade da respiração, procure apenas observá-la, esforçando-se para não interferir em seu ritmo. Observe sensações agradáveis ou desagradáveis em seu corpo, sem exercer julgamento ou crítica diante do que observa. Observe os sons, sejam eles internos (do seu corpo), ou externos, mas não os julgue ou critique. Observe sentimentos e pensamentos de forma a não intervir, julgar ou criticá-los.

Inicie sua prática com cinco minutos diários e depois a mantenha por 15 minutos, diariamente. Isso provocará grandes transformações e aprimorará suas habilidades em lidar com as situações estressantes do dia a dia.

Mindfulness no cotidiano.

∾ Quanto tempo leva?

O programa de treinamento em atenção plena com um instrutor é conduzido em oito encontros semanais de duas horas cada. Após esse período, a pessoa é capaz de autogerenciar seu estresse com as técnicas aprendidas e pode aplicá-las cotidianamente, tanto em casa quanto no trabalho.

5.1.4. TREINAMENTO AUTÓGENO

Com a técnica do treinamento autógeno você aprenderá a dar comandos verbais ao seu corpo para que ele retorne ao estado de relaxamento e equilíbrio.

Pode ser usado em conjunto com o *biofeedback* para potencializar os efeitos desse último no reconhecimento do estado de tensão do organismo e alcance do estado de alta coerência, conduzindo o indivíduo à autorregulação do sistema nervoso autônomo.

O treinamento autógeno auxilia, portanto, no processo de reequilíbrio físico, mental e emocional após uma situação estressante ou períodos longos de exposição a agentes estressores.

Essa técnica tem sua origem em pesquisas relacionadas à hipnose. Ao colocar pacientes em transe hipnótico, os cientistas verificaram que, além de eliminar sintomas incômodos como dores de cabeça e tensões musculares, os indivíduos, como efeito colateral, passavam a sentir-se aquecidos e pesados. Então um psiquiatra alemão descobriu que poderíamos simular o estado de transe hipnótico sugerindo ao paciente que pensasse na sensação de peso e calor na extremidade do corpo.

Por meio de autossugestões retiradas da técnica de hipnose e alguns recursos da ioga criou-se então o treinamento autógeno, que obtém os resultados de relaxamento tal qual a hipnose, porém, de forma autônoma, sem a necessidade de um hipnotizador.

E diferentemente da meditação, que usa a mente para relaxar o corpo, o treinamento autógeno usa sensações corporais de peso e calor para primeiro relaxar o corpo e, só então, a mente.

∾ Como funciona?

O objetivo principal da técnica é acalmar o indivíduo submetido a um agente estressor, retirá-lo do estado de alarme e tensão para reconduzi-lo ao estado de equilíbrio e controle da situação.

São seis exercícios-padrão. Cada um deles tem um objetivo específico. O primeiro exercício evoca a sensação de peso do corpo e promove o relaxamento dos músculos.

O segundo exercício estimula a vasodilatação periférica, evitando o acúmulo de sangue no tronco e na cabeça, algo que ocorre quando estamos sob efeito do estresse. O terceiro exercício normaliza os batimentos cardíacos. O quarto regula sua respiração, o quinto relaxa o abdômen e o último e sexto exercício reduz o fluxo de sangue para a cabeça.

Essa técnica serve para você?

O treinamento autógeno é altamente recomendado no tratamento de ansiedade generalizada, irritabilidade e fadiga. Pode ser utilizado para modificar a resposta à dor, no gerenciamento do estresse e no tratamento de distúrbios do sono.

Além disso, essa técnica também já mostrou ser eficaz no tratamento de asma, hiperventilação, gastrite, dores de cabeça, entre outras enfermidades. Um bom profissional poderá lhe orientar sobre a técnica e se ela é adequada ao seu quadro clínico.

O treinamento autógeno não é recomendado para crianças menores de cinco anos e indivíduos com graves distúrbios mentais ou emocionais. Pessoas diabéticas, hipoglicêmicas ou com problemas cardíacos devem fazer o exercício somente sob supervisão médica, pois há efeitos sobre a pressão sanguínea. Qualquer efeito duradouro e incômodo após a prática do exercício também deve ser comunicado a um profissional de saúde de confiança.

Como aplicá-la?

Concentre-se no exercício, mas não crie expectativas sobre seu resultado no organismo. A concentração não é ativa (quando você espera algo do exercício proposto), mas passiva, e essencial para o relaxamento. Por isso, em vez de procurar relaxar, apenas se concentre em realizar o exercício corretamente. O relaxamento virá da correta execução da tarefa, e não de sua tentativa consciente de relaxar.

Cada um dos seis exercícios propõe uma orientação verbal que você deve repetir para si mesmo de forma firme e constante enquanto se concentra em determinada parte do corpo. Não é necessário falar em voz alta e, se possível, diminua ao máximo os estímulos externos, escolha um local tranquilo, diminua as luzes, use roupas confortáveis, deixe o corpo relaxado e os olhos fechados antes de iniciar os exercícios.

Você pode optar por uma dessas três posições: sentado, com a cabeça, as costas, os braços e os pés confortavelmente apoiados; sentado, inclinado para frente, braços sobre as coxas e mãos entre os joelhos; deitado, cabeça apoiada, pernas ligeiramente afastadas e braços descansando ao lado do corpo, sem tocá-lo.

Escolha a posição que lhe deixa mais confortável – nada de braços muito esticados ou encolhidos, pernas em posição incômoda e qualquer outra fonte de tensão.

Cada pessoa executará os exercícios ao seu próprio tempo e ritmo, portanto, a regularidade e a sequência propostas são apenas um guia que você poderá adaptar conforme suas necessidades.

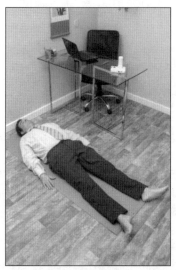

Posição deitada.

Se, por exemplo, sentir que não consegue fazer o terceiro exercício, você pode pulá-lo e ir para o quarto, seguindo até o sexto para, somente ao final, retornar ao terceiro. Sua prioridade é aprender plenamente cada um desses exercícios e executá-los com presteza, não importa quanto tempo leve para aprender.

Caso sinta que não está progredindo ou se sentir mal na condução de um dos exercícios, passe ao seguinte e adie o exercício difícil para o final do treinamento.

Se você não conseguir sentir a sensação de calor no corpo, não se preocupe. Alguns indivíduos, apesar de apresentarem alterações funcionais, relatam nunca terem sentido seu corpo aquecido.

Algumas pessoas precisam de estímulo visual, além da sugestão verbal, para sentir o peso no corpo. Então, se preferir, recorra a imagens mentais enquanto repete as frases sugeridas.

Ao terminar cada sessão de exercícios, repita "Quando eu abrir os olhos, me sentirei revigorado e alerta". Abra os olhos e respire profundamente, enquanto estende e flexiona os braços.

༄ Exercício 1

Por uma semana, repita durante 1 minuto e meio, de cinco a oito vezes por dia "O meu braço direito está pesado", fazendo uma pausa de alguns segundos entre cada repetição. Você pode repeti-la quatro vezes. Depois repita "O meu braço esquerdo está pesado" quatro vezes. Por fim, repita "Meus braços estão pesados" quatro vezes. O tempo total do exercício é de 1 minuto e meio. Se você é canhoto, comece com "O meu braço esquerdo está pesado".

Na segunda semana, repita durante três minutos, de quatro a sete vezes por dia, as mesmas frases acima e mais as seguintes frases: "Minha perna direita está pesada", "Minha perna esquerda está pesada", "Minhas pernas estão pesadas" e "Meus braços e minhas pernas estão pesados". Cada frase pode ser dita umas quatro vezes, com intervalos de alguns segundos, no tempo total de três minutos.

Na terceira semana, repita durante quatro minutos, de quatro a sete vezes ao dia, as mesmas frases acima.

ᖌ Exercício 2

Na quarta semana, esse exercício se inicia com repetições de cinco minutos, de quatro a sete vezes ao dia: "Meu braço direito está pesado", "Meus braços e minhas pernas estão pesados", "Meu braço direito está aquecido", "Meu braço esquerdo está aquecido", "Meus braços estão aquecidos".

Na quinta semana, por oito minutos, de três a seis vezes por dia, repita as frases acima e acrescente essas frases: "Minha perna direita está aquecida", "Minha perna esquerda está aquecida", "Minhas pernas estão aquecidas", "Meus braços e minhas pernas estão aquecidos".

Na sexta semana, repita por dez a quinze minutos, de três a seis vezes por dia, as mesmas frases que disse no exercício anterior e acrescente ao final: "Meus braços e minhas pernas estão pesados e aquecidos".

Na sétima semana, repita entre dez e vinte minutos, de três a seis vezes por dia: "Meu braço direito está pesado", "Meus braços e minhas pernas estão pesados", "Meus braços e minhas pernas estão aquecidos", "Meus braços e minhas pernas estão pesados e quentes".

ᖌ Exercício 3

Caso sinta algum desconforto com esse exercício, vá aos exercícios seguintes e retorne a esse somente na 11ª semana. Nessa oitava semana de exercícios você deve repetir: "Meu braço direito está pesado", "Meus braços e minhas pernas estão pesados e aquecidos" e "Meus batimentos cardíacos estão tranquilos e regulares".

ᖌ Exercício 4

Na nona semana você tornará a respiração mais lenta ao repetir: "Meu braço direito está pesado e aquecido", "Meus braços e minhas pernas estão pesados e aquecidos", "Meus batimentos cardíacos estão tranquilos e regulares" e "O ar entra em mim".

∾ **Exercício 5**
Esse exercício não é recomendado para quem tem diabetes, úlcera ou qualquer outra enfermidade que envolva sangramento abdominal. Nessa décima semana você deve repetir: "Meu braço direito está pesado e aquecido", "Meus braços e minhas pernas estão pesados e aquecidos", "Meus batimentos cardíacos estão tranquilos e regulares", "O ar entra em mim" e "Meu abdômen está aquecido".

∾ **Exercício 6**
Esse exercício deve ser feito preferencialmente deitado, pois pode provocar tonturas. Nessa 11ª semana, repita: "Meu braço direito está pesado e aquecido", "Meus braços e minhas pernas estão pesados e aquecidos", "Meus batimentos cardíacos estão tranquilos e regulares", "O ar entra em mim", "Meu abdômen está aquecido" e "Minha testa está fresca".

∾

Lembre-se de que, ao final de cada sessão de exercícios, você deve garantir que não está em transe e repetir a frase: "Quando eu abrir os olhos, estarei me sentindo revigorado e alerta". Lembre-se também de não criar expectativas quanto ao resultado de relaxamento, nem com relação ao tempo total de tratamento. Avance em seu ritmo próprio, indo para o estágio seguinte apenas depois de ter dominado o exercício anterior.

A partir da 12ª semana você pode utilizar temas especiais a fim de tratar algum problema específico que tenha. São as chamadas "Fórmulas Intencionais".

Por exemplo, ao final da relação de frases já ditas acima, você pode acrescentar a frase: "Fumar é ruim, vou viver sem fumar", caso queira deixar de ser fumante. Isso porque, com a repetição daquelas frases das primeiras semanas, o indivíduo entra em estado de transe, tornando-se altamente sugestionável. Esse é o momento de repetir uma sentença que sugira algo que você quer alcançar, mas que não tem conseguido, como emagrecer, parar de fumar, tornar-se menos ansioso etc.

As fórmulas intencionais devem ser diretas, breves e realizáveis.

ༀ Quanto tempo leva?

O ritmo da realização e incorporação dos exercícios em seu cotidiano deve ser lento, gradual, porém, contínuo. O tratamento completo envolve o domínio de todos os exercícios e pode durar de quatro a dez meses, dependendo da resposta de cada um.

5.1.5. RELAXAMENTO PROGRESSIVO

A técnica de relaxamento progressivo parte do princípio de que não há estresse psicológico sem tensão no corpo. Ou seja, mente estressada, corpo estressado.

O corpo responde ao nosso estresse mental com tensão fisiológica e essa, por sua vez, retroalimenta o estresse psicológico. É por isso que o relaxamento progressivo busca a redução da tensão fisiológica, pois isso necessariamente conduz a um relaxamento psíquico.

Essa técnica promove o relaxamento neuromuscular trabalhando com grupos musculares. Começa com o grupo de músculos dos pés e das pernas, depois parte para o grupo muscular da cabeça e do tronco, seguindo assim até o relaxamento total do corpo.

Assim como o treinamento autógeno, o relaxamento progressivo prioriza o relaxamento do corpo para alcançar o relaxamento mental. No entanto, o relaxamento progressivo não conduz você a um estado hipnótico e, portanto, não exige concentração elevada, imaginação ou capacidade de abstração.

༄ Como funciona?

Primeiro, a técnica lhe faz reconhecer os pontos ou sinais de tensão, aumentando sua consciência em relação ao próprio corpo.

Você sente dores nas costas, no pescoço, na cabeça? Seu corpo parece enrijecido? Você sente tremores ou cãibras? Tem dificuldade de sentar-se, andar ou fazer atividades cotidianas como varrer a casa ou teclar no computador?

Essas são algumas perguntas que você pode se fazer cotidianamente e a resposta positiva a qualquer uma delas é o sinal de que deve pôr em prática a técnica de relaxamento progressivo, que trabalha com quatro grandes grupos musculares: mãos, antebraços e bíceps; cabeça, rosto, garganta e ombros; tórax, estômago e parte inferior das costas; e coxas, nádegas, panturrilha e pés.

Você pode praticar a técnica tanto sentado, com a cabeça apoiada, quanto deitado. Cada grupo muscular será tensionado de cinco a sete segundos e então relaxado, de vinte a trinta segundos.

༄ Essa técnica serve para você?

O relaxamento progressivo é especialmente indicado para o tratamento de tensão muscular e ansiedade. No entanto, também apresenta bons resultados em casos de insônia, dores de cabeça por tensão, dores no pescoço e nas costas, cãibras, fadiga e fobias brandas, entre outras enfermidades.

༄ Como aplicá-la?

O método que explicarei aqui é o abreviado, em que você rapidamente alcança um profundo relaxamento muscular trabalhando grandes grupos de músculos.

Primeiro, feche as mãos, tensione os bíceps e os antebraços de cinco a sete segundos. Relaxe de vinte a trinta segundos.

Depois, enrugue a testa ao mesmo tempo em que inclina a cabeça para trás. Gire-a para a direita, formando um círculo. Depois gire-a para a esquerda, formando outro círculo. Agora enrugue os músculos do rosto. Relaxe de vinte a trinta segundos.

Incline-se para trás enquanto inspira profundamente pelo tórax. Mantenha-se nessa posição de cinco a sete segundos. Relaxe de vinte a trinta segundos. Inspire profundamente, pressionando o estômago. Mantenha-se nessa posição de cinco a sete segundos. Agora relaxe de vinte a trinta segundos.

Empurre os pés e os dedos dos pés para trás, em direção a seu rosto. Sinta os músculos da canela tensionarem. Mantenha de cinco a sete segundos. Relaxe de vinte a trinta segundos. Incline os dedos dos pés ao mesmo tempo em que contrai a panturrilha, as coxas e as nádegas. Mantenha-se assim de cinco a sete segundos. Relaxe de vinte a trinta segundos.

Repita cada um dos procedimentos acima pelo menos uma vez, até que se sinta mais relaxado e lembre-se de que é fundamental observar o contraste entre as sensações de tensão e relaxamento muscular.

⌘ Quanto tempo leva?

É normal que algumas pessoas não se sintam completamente aliviadas nas primeiras sessões utilizando-se dessa técnica. Porém, a tendência é que o relaxamento seja cada vez maior conforme a regularidade dos exercícios. Isso porque algumas fibras musculares podem permanecer contraídas após a realização dos exercícios e somente com o relaxamento de todas as fibras é que o alívio será completo.

Portanto, no início, vinte minutos de prática podem alcançar um resultado de relaxamento parcial. Com o tempo e a habilidade aperfeiçoada, poucos minutos serão suficientes para um relaxamento completo, e você poderá executar esses exercícios até mesmo no trabalho, sentado com a cabeça apoiada.

5.2. AS TÉCNICAS ORIENTAIS

As técnicas orientais de gerenciamento do estresse são baseadas em milhares de anos de tradição – no caso das técnicas apresentadas aqui, nas tradições milenares da Índia e da China.

Muitas dessas técnicas hoje são amplamente utilizadas no Ocidente, adaptadas à nossa realidade e à nossa cultura e, grande parte das vezes, desvinculada de pensamentos místicos ou religiosos.

A informação sobre essas técnicas conduz a uma atitude menos preconceituosa com esses tratamentos ditos "alternativos" que vêm sendo cada vez mais aceitos por autoridades médicas ocidentais e até mesmo por órgãos de saúde ocidentais tradicionais, como a OMS (Organização Mundial da Saúde).

5.2.1. IOGA

Ioga (ou Yoga) quer dizer "união". União com seu ser interior, com seus pares, com a natureza e o universo. Segundo a tradição milenar indiana, a ioga é a prática que nos conduz à libertação (*Moksha*).

Há dezenas de diferentes linhas de ioga no mundo, que não necessariamente se contradizem, mas são formas diferentes ou caminhos diferentes rumos ao mesmo objetivo.

Além disso, elas possuem um ponto em comum: causam efeitos sobre o corpo, que ganha flexibilidade e fortalecimento muscular, além de alterar a respiração, que passa a ser mais eficiente, consciente e um agente de relaxamento. Tudo isso gera no indivíduo uma forte habilidade de gerenciamento do estresse.

ಊ Como funciona?

A ioga é uma filosofia de vida, uma filosofia prática, cuja origem remonta há mais de 5.000 anos, na Índia.

Há quatro troncos e 108 ramos de ioga diferentes, por isso, ao escolher uma prática, é preciso que o indivíduo se identifique com ela e evite misturá-la com outros tipos de ioga, a fim de manter a coerência e os objetivos traçados pelo ramo escolhido.

A harmonia trazida pela ioga representa equilíbrio psicofísico para quem a pratica, e ela é conduzida por meio de técnicas de relaxamento, exercícios respiratórios (*pranayamas*), exercícios físicos (*asanas*), memorização, concentração e meditação.

Todos esses elementos que compõem a prática da ioga buscam desenvolver no indivíduo atitudes éticas que conduzem ao *Moksha*, ou seja, à libertação espiritual.

Além disso, a ioga ensina como respirar de forma adequada, ensina a relaxar, a concentrar-se, além de trabalhar com músculos, articulações, nervos, glândulas e órgãos por meio de técnicas corporais.

Portanto, a ioga trabalha corpo e mente. Os exercícios físicos e respiratórios não são um objetivo em si, mas um meio para o alcance do bem-estar e equilíbrio psicofísico do praticante.

Segundo Swami Niranjanananda Saraswati, fundador da *Satyananda Yoga*, a ioga é um processo e, ao longo desse processo essencialmente prático, o indivíduo passa a viver a ioga de forma diferente: primeiro, ele vivencia a ioga como prática, depois, como *sadhana*, em seguida, como forma de vida, para só então conceber a ioga como vida.

A maioria dos praticantes de ioga não sai da primeira fase, e encara a ioga como algo esporádico e aleatório, que se pratica em um lugar específico (centro de ioga, academia, templo etc.) a fim de curar uma dor ou um problema pontual qualquer. Assim que os sintomas desaparecem, a ioga também é abandonada e, possivelmente, retomada quando as dores ou o mal-estar voltarem.

Quando temos uma relação com a ioga como *sadhana* (prática espiritual), compreendemos claramente o que ela nos propõe e, por isso, temos disposição para colocá-la em prática de forma sistemática, ainda que adequada às nossas necessidades e disponibilidade. Viver a ioga como *sadhana* é quando passamos a ver as coisas como são e não como parecem ser; quando canalizamos o potencial das emoções para algo que nos transcende; quando dedicamos toda atenção em cada ação, pela ação em si, e não pelo que podemos ganhar ou perder com ela; quando praticamos *asanas* (posturas) e *pranayamas* (respiração) para purificar e equilibrar o corpo em suas várias dimensões.

A ioga passa a ser uma forma de vida quando o *sadhana* estabelece naturalmente e sem esforços um sentido de autodisciplina e auto-observação e a ioga passa a influenciar todas as esferas da vida do praticante.

Ainda segundo os preceitos de Swami Niranjanananda Saraswati, a ioga é vida quando um indivíduo irradia harmonia, sabedoria e amor, um estado de integração absoluta entre o interno e externo, o eu e o outro.

A ioga revela o que há de melhor no praticante e conduz à libertação do ser.

ༀ Essa técnica serve para você?

Qualquer pessoa pode praticar ioga a partir dos 7 anos de idade. Só o que deve ser respeitada é a condição física de cada indivíduo, a fim de não exigir além de suas possibilidades.

Os *asanas* (exercícios físicos) combinados com os *pranayamas* (exercícios respiratórios) normalizam várias funções orgânicas: combate problemas respiratórios como asma e bronquite; ajuda no tratamento de dores de cabeça e insônia, além de sintomas ligados à tensão pré-menstrual; regulariza o metabolismo; combate o estresse, a síndrome do pânico, a depressão e a ansiedade; corrige desvios de coluna e problemas de postura; melhora o sistema cardiovascular e linfático; amplia a concentração, a produtividade e a criatividade; aumenta a resistência imunológica e física; promove o equilíbrio emocional e a autoestima.

༄ Como aplicá-la?

Provavelmente, você já observou que quando está tranquilo, com pensamentos positivos, sua respiração apresenta-se lenta, profunda e ritmada. Ao contrário, em um momento de ansiedade, sob forte pressão ou medo, ela torna-se superficial, rápida e descompassada. Nesse estado, você já deve ter ouvido de amigos: "acalme-se: respire fundo!". E se você seguiu este sábio conselho, deve ter se surpreendido com sua eficiência sobre o equilíbrio do sistema nervoso.

A relação entre respiração, sistema nervoso e estado mental não é novidade para os antigos iogues.

Os sábios iogues desenvolveram uma preciosa gama de técnicas respiratórias, as quais chamaram de *pranayama*. Esta gama de exercícios é extensa e possui técnicas, das mais simples às mais sofisticadas.

Aqui, descreverei uma técnica tão simples quanto potente em sua atuação em estados de desequilíbrio do sistema nervoso – é a técnica de respiração abdominal. Sua prática constante mostra-se eficaz na diminuição dos efeitos associados ao estresse crônico.

Não possui contraindicação ou efeitos adversos, além de promover uma suave massagem em órgãos importantes, tais como: intestinos, rins, fígado e pâncreas, potencializando seu funcionamento, além de promover um aporte de *prana* e oxigênio a todo o corpo, o que não ocorre na respiração realizada somente na parte alta dos pulmões (respiração peitoral) e que, infelizmente, é a utilizada pela grande maioria dos adultos. Tem efeito tranquilizante, auxiliando o praticante a focar-se, diminuindo o excesso de pensamentos.

Pode ser utilizada antes de qualquer trabalho intelectual, em momentos de ansiedade ou antes de adormecer.

Reserve de 10 a 15 minutos do seu dia para a execução da técnica. Escolha um local tranquilo e arejado. Estabeleça um horário para sua prática e procure mantê-lo reservado, sem variações. Idealmente, os intestinos e bexigas devem ser esvaziados antes do exercício e jamais o execute durante o processo digestivo. A regularidade e o respeito aos limites são muito importantes. Não se apresse em evoluir para a segunda ou para a terceira etapa da técnica. Somente inicie a próxima etapa quando já estiver proficiente na anterior.

A primeira etapa da respiração abdominal consiste no seguinte: deite-se de costas no solo, pernas flexionadas, braços afastados e palmas das mãos voltadas para cima ou sente-se em uma posição estável, confortável, com a coluna ereta. Relaxe o corpo todo.

Uma das posições possíveis para a prática de ioga.

Deixe sua respiração acontecer de maneira espontânea e regular. Deixe-a natural. Não interfira nela. Leve sua atenção para o diafragma e o visualize como uma folha de músculos abaixo dos pulmões. O melhor lugar para focar sua atenção é na parte inferior do esterno.

Ao inalar, visualize o diafragma fazendo um movimento descendente empurrando os órgãos abdominais embaixo dele e o ar sendo puxado para a parte baixa dos pulmões.

Ao exalar, relaxe o diafragma. Sinta que ele se move para cima, de volta para a parte inferior do esterno, empurrando o ar para fora e liberando a pressão sobre os órgãos abdominais.

Mantenha-se concentrado no movimento desta interface existente entre o tórax e o abdômen e de como seu movimento rítmico produz uma respiração abdominal. Sinta o abdômen se expandindo enquanto você inala, e se retraindo enquanto você exala, mas se lembre de não forçar o movimento respiratório, não deve haver qualquer tensão nos músculos abdominais ou torácicos. A respiração diafragmática não é produzida pelos músculos abdominais. Permaneça por alguns minutos, mantendo a concentração no exercício.

Na segunda etapa do exercício, você deve colocar sua mão direita sobre o abdômen, em cima do umbigo, e a mão esquerda sobre o centro do peito. Durante a respiração abdominal, você deve sentir sua mão direita movendo-se para cima durante a inalação e para baixo durante a exalação. Não deve haver nenhuma tensão no abdômen.

Procure não forçar o movimento do abdômen. Deixe-o expandir-se e retrair-se naturalmente. Quando o ar entrar, o abdômen se expande suavemente, quando o ar sair, o abdômen se retrai vagarosamente. Sua mão esquerda não deve se mover durante a respiração. Continue este exercício até sentir que somente o diafragma esteja fazendo todo o trabalho no processo respiratório. Permaneça por alguns minutos, mantendo a concentração no exercício.

Na terceira etapa, imagine que, em cada exalação, você elimina as tensões do corpo e da mente e que, a cada inalação, a energia *prânica* entra em seu corpo. Essa energia *prânica* está sendo distribuída para cada célula do seu corpo. Cada célula é revitalizada por esta energia. Enquanto você exala, as tensões e a ansiedade estão sendo eliminadas. Enquanto você inala, a energia *prânica* entra em seu corpo e chega a cada célula. Permaneça enquanto estiver focado no exercício e, em seguida, finalize a prática da respiração abdominal.

～ Quanto tempo leva?

A ioga é uma prática absolutamente particular, a ponto de afirmarem que não se sabe o que é ioga enquanto ela não é posta em prática. Portanto, tanto a escolha do ramo de ioga, quanto o tempo despendido em cada aula vai variar bastante, assim como o período necessário de prática para sentirem-se os efeitos físicos e mentais de relaxamento.

5.2.2. IOGA LABORAL

A ioga laboral é um conjunto de técnicas da ioga adaptadas ao ambiente de trabalho e representa um excelente recurso para gerenciar o estresse nas empresas.

Sem alterar substancialmente o ambiente nem exigir que os funcionários utilizem vestimentas especiais, a ioga laboral amplia a flexibilidade e promove o alongamento dos indivíduos, fortalecendo a consciência corporal, a autoestima e o controle emocional dentro da organização para a qual eles trabalham.

E não é só isso. Os movimentos da ioga laboral promovem a oxigenação dos tecidos musculares, melhoram os sistemas imunológico, cardiovascular e respiratório, estimulam a calma e o bem-estar, reduzem os sintomas de LER (Lesão por Esforço Repetitivo) e DORT (Distúrbios Osteomusculares Relacionados ao Trabalho), atenuam a tensão muscular e melhoram a concentração e a memorização.

Um estudo conduzido em Florianópolis, no estado brasileiro de Santa Catarina, consultou 170 pessoas de quatro diferentes empresas da cidade – elas haviam participado de uma média de 74 sessões de ioga laboral, com duração de 15 minutos, duas vezes por semana, entre março de 2007 e abril de 2008.

A pesquisa visava avaliar a percepção da melhora profissional e da qualidade de vida daqueles praticantes de ioga laboral e, para tanto, foi utilizado um questionário sobre desempenho profissional e componentes de qualidade de vida, como estresse, ansiedade, dor, disposição, concentração, produtividade, tensão, relacionamento pessoal, entusiasmo, respiração, cansaço, irritabilidade, equilíbrio e saúde.

Resultado: os participantes apresentaram percepção de melhora profissional de 91% e nos seguintes componentes de qualidade de vida: estresse (69%), disposição (62%), tensão (58%), dor (57%) e irritabilidade (55%).

∽ Como funciona?

Normalmente, as sessões de ioga laboral são feitas semanalmente, com intervenções na rotina de trabalho que duram de 15 a 20 minutos, e dão especial atenção à postura, à respiração, à concentração e ao relaxamento dos funcionários.

As empresas também podem optar por aulas regulares com duração mínima de 60 minutos em local diferente, voltadas para as necessidades específicas daquele grupo atendido.

Um dos principais objetivos da ioga laboral é a promoção da saúde ocupacional e da qualidade de vida no trabalho, utilizando-se de técnicas orientais milenares adaptadas à realidade do grupo praticante.

Postura em ioga laboral.

Para tanto, a ioga laboral retira da ioga tradicional seus princípios básicos, de modo que um número amplo de funcionários possa usufruir de seus benefícios. São técnicas respiratórias suaves, de relaxamento, alongamentos, além de exercícios que estimulam a concentração, a memorização, podendo incluir ou não a meditação, conforme o grupo com que o instrutor de ioga está trabalhando.

A ioga no trabalho diminui o nível de estresse do ambiente, incentivando a harmonia entre a equipe e, consequentemente, aumentando a produtividade na empresa. A ioga laboral, portanto, surte efeito no próprio ambiente de trabalho, diminuindo o absenteísmo causado por doenças e promovendo o bem-estar geral.

Além de não envolver nenhum custo adicional, a não ser a contratação de um instrutor de ioga qualificado, a ioga laboral pode ser conduzida antes, durante ou após o expediente, no próprio local de trabalho, e não exige roupas especiais nem equipamentos. Além disso, suas técnicas sempre se ajustarão à realidade dos participantes, envolvendo menos transtorno possível.

Apesar de ser muito associada à religiosidade oriental, a ioga pode ser praticada por qualquer pessoa, independentemente de credo ou religião. Além disso, um bom instrutor saberá adequar cada técnica às condições físicas e emocionais de seus alunos, nunca ultrapassando os limites pessoais de cada um.

෴ Essa técnica serve para você?

Assim como a ioga tradicional, a ioga laboral pode ser praticada por qualquer pessoa, desde que suas condições particulares de saúde sejam respeitadas.

A ioga laboral melhora a produtividade e a concentração do trabalhador, reduz o nível de estresse no ambiente de trabalho, facilitando as relações interpessoais e a comunicação entre os integrantes de uma mesma equipe, estimula a criatividade, alivia tensões típicas de quem trabalha o dia todo na mesma posição, diminui e previne enfermidades, reduzindo o número de faltas e licenças dos funcionários, traz relaxamento, motivação e organização, estimula a comunicação e o bem-estar, além de promover a autoestima dos praticantes.

ಅ Como aplicá-la?

A ioga laboral deve ser conduzida por um instrutor de ioga qualificado, que adaptará as técnicas da ioga tradicional ao ambiente de trabalho.

Exercício de ioga laboral para trabalhar alongamento.

Os funcionários serão incentivados a fazer posturas (*asanas*) de ioga simples, bem como a praticar a respiração consciente e completa, bem como outras técnicas de respiração (*pranayamas*) que não envolvem manobras complexas.

Alguns instrutores, dependendo do grupo com que estão trabalhando, também utilizarão técnicas de meditação com seus alunos, ampliando a capacidade de concentração e relaxamento do grupo.

Exercícios de alongamento, bem como os que estimulam a memória, também são conduzidos, pois conduzem ao maior rendimento no trabalho e consequente bem-estar.

ಅ Quanto tempo leva?

A ioga laboral pode servir como um programa pontual de relaxamento numa empresa, por exemplo, antes ou após um grande evento, com o qual os funcionários estejam profundamente envolvidos e necessitam de maior tranquilidade para conduzir suas atividades com presteza e produtividade.

Nesse caso, a ioga laboral funciona por determinado tempo, como parte da rotina e dos esforços voltados para a conclusão de determinada meta, e depois que esta é concluída, as sessões de ioga laboral também são suspensas.

No entanto, para efeitos mais prolongados de bem-estar e qualidade de vida na empresa, a ioga laboral pode ser adotada como uma rotina, uma política de RH. Nesse caso, as sessões de ioga laboral possuem regularidade – normalmente, duas vezes na semana, com aulas que duram de 15 até 30 minutos.

5.2.3. *PRANAYAMAS* (EXERCÍCIOS DE RESPIRAÇÃO)

A respiração é uma forma de comunicação do nosso corpo com o exterior. A maneira como conduzimos nossa respiração diz muito, portanto, sobre nossa relação com o ambiente em que vivemos.

Quando estamos em equilíbrio com o ambiente que nos circunda, a respiração é tranquila, manifestando-se de forma completa e profunda. Ao contrário, quando estamos em desequilíbrio, nossa respiração passa a ser incompleta, acelerada e superficial.

Por ser a respiração um meio de comunicação com o exterior, ao alterarmos a maneira como a conduzimos, também modificamos nossa relação com o mundo. A respiração adequada melhora nossa interação com o exterior e nossas relações sociais.

O termo *pranayama* vem do sânscrito e significa "controle da energia vital", representando as técnicas respiratórias da ioga. Segundo a tradição indiana, o *prana* ou energia vital é invisível, é uma força vital que preserva o corpo e o conecta à mente. O processo de regular a respiração (*pranayama*) é o único caminho, junto com os *asanas*, para o controle da força vital. Por isso, *asanas* e *pranayama* devem ser realizados juntos para o melhor controle da energia vital (*prana*).

Os *pranayamas* são um conjunto de exercícios de respiração cuja prática deve ser constante a fim de alcançarmos maior oxigenação do sangue, clareza mental e fortalecimento do sistema imunológico, além da já referida melhoria da interação com o exterior e das relações sociais.

São muitas as técnicas respiratórias existentes e apresentarei algumas delas aqui, para que você possa praticar, mesmo sem os *asanas*, a fim de gerenciar o estresse em sua vida.

༄ Como funciona?

Se você apresenta uma respiração incompleta, curta e apressada, uma quantidade insuficiente de ar para a purificação e oxigenação do sangue entra em sua corrente sanguínea. Isso significa que o ar que inspira, devido à sua forma de respirar, não está cumprindo o papel que é esperado dele – o de eliminar as substâncias residuais de sua corrente sanguínea.

No longo prazo, a respiração inadequada "envenena" todo o seu organismo, deixando no seu sangue, que circula por todo o corpo, impurezas que deveriam ter sido eliminadas.

O sangue com excessos de impurezas é azulado e escurecido, prejudicando sua digestão e provocando o mal funcionamento de órgãos e tecidos. Além disso, sangue com pouca oxigenação alimenta estados de ansiedade, cansaço e depressão. Ou seja, respiração irregular alimenta o estresse em sua vida.

O *pranayama* pode ser facilmente aplicado de forma autônoma, sem um instrutor, apesar de seus benefícios serem potencializados quando inseridos na prática completa da ioga, que envolve, entre outras coisas, conforme já vimos, o *pranayama*, os *asanas* e a meditação.

Existem riscos ao praticar-se o *pranayama*, como, por exemplo, o da hiperventilação. Algumas pessoas sentem tonturas e ansiedade após praticar exercícios respiratórios.

Por isso, é aconselhável começar com técnicas menos vigorosas, observar as reações de seu corpo às práticas, para só avançar quando estiver plenamente confortável. Caso o desconforto persista, o ideal é procurar um profissional da saúde que trabalhe com a técnica ou um instrutor de ioga para melhor lhe orientar.

∞ Essa técnica serve para você?

Os exercícios de respiração podem ser praticados por qualquer um, desde que não se sinta desconforto ou mal estar ao aplicar a técnica. Nos casos de tontura, ansiedade ou qualquer outro sinal de que algo não vai bem após a prática dos *pranayamas*, o ideal é procurar um especialista no assunto, que vai lhe orientar sobre a forma correta de pôr em prática os exercícios e as possíveis adaptações ao seu caso em específico.

Os exercícios de respiração reduzem a ansiedade, a depressão, a irritabilidade, o cansaço e a tensão muscular.

∞ Como aplicá-la?

A respiração iogue completa pode ser praticada com você em pé ou sentado, respirando somente pelo nariz.

Ao inspirar, encha primeiro a parte inferior dos pulmões. Seu diafragma empurrará o abdômen para o ar entrar. Depois, encha a parte central dos pulmões. As costelas inferiores e o tórax vão se mover ligeiramente para frente. Em seguida, encha a parte superior dos pulmões. O tórax vai se elevar ligeiramente e o abdômen ficará encolhido. Essa sequência pode ser feita com uma única inspiração suave e contínua que, com a prática, é executada em alguns segundos.

Depois dessa sequência de inspiração, prenda a respiração por alguns segundos e então expire lentamente, retraindo o abdômen e levantando-o lentamente em seguida, enquanto os pulmões se esvaziam. Quando tiver completado a expiração, relaxe o abdômen e o tórax e então reinicie o processo.

Com esse exercício, a respiração é completa. Ou seja, os lobos inferiores, medianos e superiores dos pulmões são acionados de maneira uniforme.

Além de propiciar uma sensação de conforto e equilíbrio mental, esse exercício aumenta a oxigenação sanguínea, pois ativa todos os pontos do pulmão. Ele também regula os batimentos cardíacos, acalma o sistema nervoso, equilibra a pressão arterial e regula a digestão.

Já a respiração purificadora limpa os pulmões, mas também estimula e tonifica o aparelho respiratório, revigorando seu corpo.

Você deve estar sentado ou em pé, sempre ereto. Faça uma inspiração iogue completa, conforme o exercício anterior. Suspenda a respiração por alguns segundos. Agora, expire um pouco do ar pela boca, sem muita força. Abra apenas um pequeno espaço entre os lábios enquanto expira. Pare por alguns instantes e então volte a expirar, soltando mais um pouco de ar pela boca. Repita isso até que todo o ar tenha sido expirado por pequenos sopros vigorosos.

Para eliminar a tensão por meio da respiração, existe uma técnica em que você deve estar de pé, ereto, com as mãos ao longo do corpo. Inspire lentamente e, ao mesmo tempo, dê pancadinhas de leve em seu tórax com as pontas dos dedos. Faça isso em todo o tórax.

Após ter inspirado uma quantidade de ar que o faz sentir-se confortável, retenha a respiração e bata levemente em todo o tórax com as palmas das mãos. Expire utilizando a respiração purificadora explicada anteriormente.

A respiração estimulante é para quando estiver sentindo-se cansado, sem energia. Para tanto, você deve estar de pé e ereto, com as mãos ao longo do corpo. Inspire e mantenha uma respiração iogue completa, conforme descrito no primeiro exercício respiratório. Estenda os braços à sua frente, mantenha-os erguidos e relaxados.

Lentamente, coloque as mãos nos ombros. Durante o movimento, feche bem as mãos, de modo que fiquem bem apertadas repousando sobre os ombros. Mantenha os punhos cerrados enquanto estende os braços novamente para frente.

Coloque novamente as mãos sobre os ombros e estenda os braços com os punhos tensionados, mas, desta vez, faça isso bem rápido, diversas vezes.

Relaxe as mãos ao longo do corpo e expire vigorosamente pela boca. Pratique algumas respirações purificadoras como descritas anteriormente. Repita o exercício várias vezes até se sentir mais alerta e disposto.

Para os que ficam trabalhando ou estudando por muito tempo na mesma posição e sentem-se tensos ao final do dia, a respiração moinho de vento pode ajudar.

Fique em pé, ereto, com os braços à frente. Inspire e mantenha uma respiração iogue completa. Gire os braços para trás, formando um círculo, e então inverta a direção. Você também pode girá-los alternadamente, como um moinho de vento. Expire de forma vigorosa pela boca. Pratique algumas respirações purificadoras.

A respiração utilizando-se da inclinação do corpo também pode ser feita quando você estiver rígido e tenso. Primeiro, fique em pé e ereto, com as mãos nos quadris. Inspire e mantenha uma respiração iogue completa.

Mantenha a parte inferior do corpo rígida e incline-se para frente o máximo que puder, expirando lenta e completamente pela boca. Fique em pé novamente e inspire, fazendo outra respiração natural completa.

Continue o exercício primeiro inclinando-se para trás e depois para a esquerda e direita. Após cada série de quatro inclinações, faça uma respiração purificadora. Execute quatro séries completas.

Por último, a respiração alternativa. Ela é benéfica não só para relaxarmos, como também para aliviar dores de cabeça provocadas por sinusite. Para praticá-la, sente-se confortavelmente, com uma boa postura. Coloque o dedo indicador e o médio da mão direita sobre a testa. Feche a narina direita com o polegar. Inspire lentamente pela narina esquerda.

Agora, feche a narina esquerda com o dedo anular e simultaneamente abra a narina direita, retirando o polegar. Expire lentamente pela narina direita. Inspire ainda pela narina direita.

Feche a narina direita com o polegar e abra a esquerda. Expire pela narina esquerda. Inspire também pela narina esquerda. Faça cinco ciclos de respiração alternada e vá aumentando lentamente, conforme a prática, para dez ciclos.

೧ Quanto tempo leva?

A prática conduz à perfeição, portanto, quanto mais praticamos esses exercícios, mas eles se tornam parte de nosso cotidiano, ampliando seus benefícios. Cada técnica não demora mais do que alguns minutos e podem ser levada para toda a sua vida, como poderoso instrumento de gerenciamento do estresse no cotidiano.

5.2.4. *ASANAS* (POSTURAS OU EXERCÍCIOS FÍSICOS)

Asanas, em sânscrito, significa "sentar" e trata-se de uma parte fundamental da filosofia da ioga. São muitos os tipos de *asanas* ou posturas iogues, e os estudos modernos da ioga começaram a classificar os *asanas* por famílias, para facilitar sua aplicação.

A prática dos *asanas* desenvolve no indivíduo uma musculatura flexível, fortalece os tendões, massageia os órgãos e equilibra as funções endócrinas, mas visa, sobretudo, trazer o indivíduo para o momento presente, deixando de lado as distrações que interferem na concentração por meio da manutenção da atenção na qualidade da respiração e da postura firme.

O praticante de *asanas* não precisa preocupar-se em fazer uma postura esteticamente bela ou perfeita. O importante é que ele se concentre, e observe a si mesmo, a fim de encontrar conforto e estabilidade físico-emocional enquanto se acomoda na postura.

O *asana* deve ser sempre firme e confortável. Qualquer tensão ao praticar as posturas deve ser evitada e conscientemente eliminada, relaxando o corpo. A posição deve ser sempre confortável justamente para que você possa permanecer nela por um longo período. A sensação de absoluto relaxamento é um sinal de que o *asana* está sendo executado com perfeição.

É importante observar que você só terá alcançado o verdadeiro objetivo dos *asanas* se atingir o equilíbrio entre corpo e mente e o estado de vivência plena do momento presente. Se você consegue fazer posições belíssimas, mas não se concentra em sua respiração, não observa seu estado de espírito, não alimenta a união entre corpo e mente, interior e exterior, então os *asanas* perdem seu objetivo primário e passam a ser apenas exercícios físicos.

ೞ Como funciona?

As técnicas da ioga só começaram a ser registradas por escrito há pouco mais de 2000 anos. Antes disso, os mestres iogues passavam seus ensinamentos dentro da tradição oral. O primeiro livro que compilou as técnicas que, segundo os indianos, foram ensinadas pelo deus Shiva da transformação, foi o *Yoga Sutra*.

Segundo o *Yoga Sutra*, os *asanas* focam a atenção do indivíduo no seu próprio corpo, e isso aquieta a mente porque a atenção antes voltada aos seus pensamentos é desviada. Com a mente calma e a respiração sob controle, a tendência do indivíduo é começar a observar a si mesmo, o que amplia o autoconhecimento, a concentração e, por fim, leva à transcendência.

Asana no ambiente de trabalho.

No ocidente, os *asanas*, que são a parte da ioga mais suscetível aos desejos de perfeição do corpo, receberam atenção especial, muitas vezes ganhando destaque em detrimento de outras técnicas iogues primordiais como as técnicas de respiração (*pranayamas*) e a meditação. No entanto, os *asanas* têm a função principal de trabalhar o equilíbrio interno, com posturas voltadas para desenvolver no praticante a determinação, a tolerância, a disciplina e outras que afetam diretamente o sistema nervoso autônomo, que traz maior tranquilidade e ajuda a gerenciar o estresse. Quando associados à prática regular dos *pranayamas* e de outros componentes da ioga, os *asanas* beneficiam todo o organismo, unindo corpo e mente, contribuindo para uma vida mais saudável e equilibrada.

ஒ Essa técnica serve para você?

Os *asanas* podem ser praticados por qualquer pessoa, desde que os limites de seu corpo e suas necessidades e limitações específicas sejam respeitadas. Por isso, antes de praticar *asanas* autonomamente, o ideal é consultar um profissional de saúde que trabalhe com a técnica ou um instrutor de ioga.

Em conjunto com as outras técnicas iogues praticadas regularmente, os *asanas* aprimoram o controle motor, aumentam o equilíbrio, reduzem a liberação de cortisol, hormônio produzido em situações de estresse e que enfraquece o sistema imunológico, ajudam a regular os batimentos cardíacos, ampliam a capacidade respiratória, fortalecem a musculatura, promovem a flexibilidade e realinham a postura.

A prática regular de *asanas*, portanto, é recomendada aos que sofrem de depressão, ansiedade, estresse, hipertensão, doenças respiratórias, artrite e artrose, dores crônicas como fibromialgia e obesidade.

ஒ Como aplicá-la?

Antes de praticar os *asanas*, tome um copo de água, mas seu estômago deve estar vazio. *Asanas* só podem ser praticados 8 horas após o almoço e 2 horas após um copo de leite e 1 hora após comer uma fruta. Por isso, o ideal é que você pratique pela manhã.

O período que um praticante se mantém estável no *asana* é denominado tempo de permanência, que é medido pela quantidade de respirações (inspiração, retenção, expiração) realizadas naquela posição. Essa respiração é sempre feita pelo nariz, nunca pela boca.

Conforme já mencionado, as posturas são divididas em famílias para facilitar a sua aplicação. No entanto, os *asanas* que mostrarei aqui foram selecionados pelo baixo nível de dificuldade de execução, podendo ser praticados com facilidade por iniciantes.

O *bala-asana*, ou postura da criança, envolve passos simples.

Primeiro sente-se sobre seus joelhos, com os pés juntos e nádegas sobre os calcanhares. Separe os joelhos mais ou menos conforme a largura de seus quadris. Repouse suas mãos sobre as coxas, com as palmas para baixo. Depois, inspire profundamente e então expire enquanto leva sua caixa torácica aos joelhos e repousa seus braços esticados à frente do corpo. Repouse sua testa no chão enquanto traz os braços para junto de seu corpo, voltados para trás, com as mãos perto dos pés. Respire lentamente pelo nariz enquanto mantém-se na postura. Volte para o primeiro passo e repita a sequência pelo menos mais uma vez.

O *pavana-mukta-asana*, ou postura de liberação do ar, também é simples para quem está iniciando, e ganhou esse nome por auxiliar na liberação de gases do estômago e intestino.

Deite-se com o corpo esticado, braços paralelos ao corpo. Inspire e traga a perna esquerda junto ao seu tórax, mantenha a outra perna no chão. Retenha o ar inalado por alguns segundos e então exale-o vagarosamente enquanto leva a testa ao joelho. Segure a respiração por alguns segundos e então inale novamente devagar, enquanto repousa sua cabeça novamente no chão, sem largar os joelhos. Segure o ar inalado e então exale enquanto conduz a perna novamente ao chão. Repouse conforme a primeira posição e então repita com a outra perna. Você pode repetir a postura toda de três a cinco vezes.

O *tada-asana*, ou postura da montanha, nos ajuda a manter uma boa postura corporal no dia a dia e elimina problemas de saúde típicos de quem trabalha ou estuda por muito tempo em determinada posição, frequentemente inadequada. Trata-se de um *asana* que inicia muitas sequências de posturas iogues e, portanto, é básico e fácil de fazer.

Mantenha-se com a coluna ereta, com os pés se tocando e os braços bem juntos ao corpo, mãos para dentro, encostando nas pernas. Comprima ou flexione os músculos dos joelhos, das coxas, na altura do estômago e das nádegas mantendo uma postura firme. Distribua seu peso igualmente em ambas as pernas. Inspire pelas narinas e arqueie as costas para trás, empurrando o abdômen para frente, inclinando a cabeça para trás tanto quanto for possível. É aconselhável uma repetição do movimento por alguns minutos. A postura é indicada tanto para iniciar sessões de ioga quanto para a sua conclusão.

༄ Quanto tempo leva?

Mais uma vez, tanto os *asanas* quanto os outros elementos da ioga podem ser praticados por tempo indeterminado, desde que respeitados os limites e as características de cada um. O importante é que a prática seja regular para que se observe os efeitos positivos no organismo.

5.2.5. MEDITAÇÃO

Apesar de estar frequentemente associada às religiões orientais, a meditação pode ser utilizada sem conotação religiosa. A palavra "meditação" vem do latim *meditare* e significa "voltar-se para o centro", ou seja, voltar-se para dentro de si e desligar-se do mundo exterior.

A meditação implica concentração e, de acordo com a tradição indiana, meditar é estabilizar a energia vital (*prana*) por meio de uma postura firme e do foco em um ponto qualquer, seja ele interno ou externo, a fim de tornar a mente introspectiva.

Meditar, portanto, é observar atentamente o momento presente, é viver absolutamente a realidade interior e ter a mente em silêncio. Mas qualquer um que já tentou meditar sabe como é difícil no começo manter a mente silenciosa. Os pensamentos invadem nossa mente, que fica agitada, tentando evitar o fluxo de sensações. Por isso, no início, a meditação é exatamente essa observação do vai e vem de pensamentos que circundam nosso ser. Deixe que os pensamentos cheguem, logo em seguida eles seguirão embora e você, aos poucos, vai se tornando um observador distanciado daquela autoestrada de pensamentos.

Com a prática, você aprende a desapegar-se desses pensamentos indesejáveis e eles passam a não incomodar tanto quanto no início. Eles não cessam, mas perdem força à medida que você passa a ignorá-los, focando em outro ponto. A partir daí, a sensação de paz e tranquilidade começa a tomar forma e sua mente passa a concentra-se sem interrupções.

Essa capacidade de concentrar-se continuamente, sem se abalar com os fluxos de pensamento, também lhe confere o papel de observador privilegiado de si mesmo. Você consegue avaliar-se sem ser abalado pelas emoções, pelas sensações corporais ou pelos pensamentos, o que resulta na vivência plena do momento presente. É a estabilização da energia vital (*prana*).

෴ Como funciona?

Meditar é focar sua atenção em uma coisa de cada vez. Mas nossa mente tem a tendência a não se concentrar, ao contrário, ela tende a vagar. Ao meditar, quando o indivíduo percebe que sua mente se desviou do objeto de atenção inicial, ele retorna seus pensamentos ao foco pretendido.

Essa ação de focar conscientemente os pensamentos em uma questão ou objeto qualquer, trazendo-os de volta quando necessário, traz ao indivíduo alguns ganhos, a saber: quando você está concentrado em seus pensamentos, todo o restante fica em segundo plano, inclusive preocupações e sentimentos negativos como raiva ou medo; nem todo o pensamento que surge em sua mente vale a pena ser retido, é possível simplesmente escolher que pensamentos você levará em consideração e quais você simplesmente vai ignorar; você age conforme seus pensamentos e se esses se tornaram repetitivos ao longo dos anos, suas atitudes também são as mesmas, mas se você toma consciência de seus padrões de pensamento e os observa objetivamente, seus padrões de atitude e reação àquelas ideias também se modificam; quando você se concentra no presente e naquilo que ocorre no momento, os altos e baixos emocionais desaparecem, dando lugar à serenidade; e por último, pensamentos e emoções são efêmeros, por isso, eles não precisam deixar marcas permanentes em você.

Para praticar a meditação, você precisa escolher um local tranquilo, onde possa praticar sem receio de ser interrompido. Crie o hábito de meditar sempre no mesmo local, a fim de estabelecer uma energia propícia à sua prática.

O horário é igualmente importante. Procure praticar sempre no mesmo horário, pois isso ajudará sua mente a se concentrar. E como a prática leva à perfeição, o ideal é que se medite todos os dias, utilizando as mesmas técnicas para o aprimoramento e ampliação da sensação de bem-estar.

Antes de meditar, evite alimentos como café, chá-mate, chá verde, chocolate, bebidas alcoólicas, refrigerantes, açúcar, enlatados e carnes. Eles influenciam diretamente seu estado mental e podem prejudicar a concentração desejada na prática.

Em relação à postura, é importante sentar-se com as pernas cruzadas e a coluna reta, porém, mantendo-se confortável. Uma excelente posição para a prática da meditação é a de lótus. O pé esquerdo fica apoiado na coxa direita e o pé direito, na coxa esquerda.

Se você preferir, pode sentar em meio lótus. Com somente um dos pés apoiado na outra coxa. Se não conseguir sentar confortavelmente em nenhuma dessas posições, faça como os japoneses e sente-se com os joelhos dobrados e o tronco apoiado sobre as pernas. Com um acolchoado sob os pés, é possível ficar por bastante tempo nessa posição.

Mantenha a estabilidade de seu corpo, as costas eretas, o pescoço e a cabeça alinhados com a coluna, numa postura reta, porém, sem rigidez. Para os iniciantes, o ideal é não ficar nessa posição por mais de 20 ou 30 minutos.

A prática diária deve ser iniciada com poucos minutos e, aos poucos, ser ampliada. Não tenha pressa e só amplie o tempo de meditação quando tiver a necessidade interna de assim proceder. O ideal são 30 minutos diários, pelo menos.

∽ Essa técnica serve para você?

Não há restrições para a prática meditativa, desde que você respeite os limites de seu corpo e preserve seu conforto durante a meditação.

A prática meditativa tem sido utilizada no tratamento e na prevenção de pressão alta, enxaquecas, diabetes, artrites, além de ser benéfica para quem sofre de depressão, pensamentos obsessivos e ansiedade.

∽ Como aplicá-la?

Permaneça na posição de lótus, meio lótus ou japonesa, escolhendo aquela em que se sentir mais confortável. Feche os olhos e respire apenas pelo nariz. Lembre-se de que seus pensamentos vão vagar e que você, conscientemente, o trará para o objeto em que está focando sua atenção. Essa atitude de "invasão" e posterior "controle" dos pensamentos não é uma interrupção da meditação, mas parte integrante dela.

Existem três meditações básicas. A primeira é a meditação do mantra. Você deve escolher uma palavra ou sílaba ao seu gosto. Muitos preferem escolher o mantra universalmente conhecido do "OM", mas você pode ficar à vontade para usar outra combinação de letras ou sílabas que aprecie.

Fique na posição escolhida, inspire e comece a entoar seu mantra silenciosamente. Mentalmente, repita a palavra ou sílaba que lhe serve de mantra. Quando o pensamento divagar, traga-o de volta ao mantra. Se preferir e puder fazê-lo, repita o mantra em voz alta e perceba as diferenças em seu corpo das sensações provocadas pelo mantra entoado em silêncio para o dito em voz alta. Se vier a sensação de que a repetição do mantra está se tornando mecânica enquanto sua mente vagueia por pensamentos intrusos, conscientemente, retorne a concentração na entoação do mantra.

O segundo tipo de meditação básica é a de contagem da respiração. Permaneça na posição escolhida e inspire profundamente algumas vezes. Feche os olhos ou fixe-os em um ponto no chão. Inspire profundamente pelo abdômen enquanto concentra sua atenção em cada parte da respiração: a inspiração, a pausa, a expiração, outra pausa, a inspiração e assim por diante. Observe as sensações em seu corpo enquanto cumpre cada etapa do processo respiratório. Comece a contar o número de expirações e concentre-se nessa contagem. Quando seus pensamentos começarem a vagar, tome consciência disso e retorne a contagem.

A terceira forma de meditação é a fixação do olhar. Você fixa o olhar em um objeto qualquer, sem pensar nele. Mantendo-se na postura escolhida, você inspirará profundamente algumas vezes. Seu objeto a ser observado deve ficar a uma distância confortável, para que você o avalie detalhadamente. Para tanto, mantenha os olhos relaxados, sem franzir as sobrancelhas. Perceba as características desse objeto, observe-o e tente recriá-lo em sua mente. Se perceber que algumas palavras vieram à tona tentando interpretar esse objeto, afaste-as e retorne à exploração.

Em todas as técnicas de meditação citadas, é possível que você não experimente a sensação de relaxamento enquanto a pratica. Ao contrário, é provável que se sinta invadido por um turbilhão de pensamentos e informações. No entanto, após concluir a prática, você se sentirá muito mais relaxado.

∞ Quanto tempo leva?

Você pode começar a meditar durante apenas 10 ou 15 minutos, mas o ideal são 30 minutos ao menos, praticados regularmente. Somente a prática regular é capaz de trazer todos os benefícios para a saúde e auxiliar o gerenciamento do estresse em sua vida. Você pode praticar meditação por toda a sua vida.

5.2.6. ACUPUNTURA

A acupuntura é um ramo da medicina tradicional chinesa reconhecido pela OMS (Organização Mundial da Saúde) como forma de tratamento complementar. Ela consiste, basicamente, na aplicação de agulhas em determinados pontos do corpo a fim de tratar uma enfermidade apresentada pelo paciente.

Esses pontos da acupuntura estão por todo o corpo do indivíduo e a aplicação precisa das agulhas nestes pontos acarreta efeito terapêutico para diversos males que atingem o homem.

Entretanto, a acupuntura também pode ser feita sem agulhas, usando outros tipos de técnicas. O acupunturista pode estimular os pontos da acupuntura por meio da acupressão (utilizando seus dedos), por ventosas, por aquecimento através do moxa, além da eletroestimulação (que se baseia na relação da eletrocondutividade da pele com os pontos dos diversos meridianos) e da auriculopuntura (que aplica agulhas especiais na orelha para o tratamento de doenças ligadas a qualquer parte do corpo).

Na interpretação da técnica segundo a fisiologia ocidental, a acupuntura atua na estimulação neurológica de receptores específicos que produzem efeitos de modulação da atividade neurológica em três instâncias: local, espinhal ou segmentar e supraespinhal ou suprassegmentar.

Já na visão tradicional da medicina chinesa, a acupuntura está baseada em princípios como a dualidade do *yin* e *yang*, hoje um conceito assumido pelas teorias quânticas ocidentais e que se baseia no preceito de que o corpo do homem está em equilíbrio e este pode ser abalado por fatores como a alimentação, o comportamento, os hábitos de vida etc.

A acupuntura também utiliza-se de um conceito caro à medicina chinesa: os meridianos. Os meridianos são "canais energéticos" por onde circulam os diversos tipos de energia presentes em nosso corpo: aquela herdada de nossos ancestrais, a energia provinda dos alimentos que ingerimos e pelo ar que respiramos, além da energia protetora. Por meio de estímulos a esses canais de energia em determinados pontos específicos, é possível reequilibrar as energias do corpo.

༄ Como funciona?

Na medicina tradicional chinesa, o diagnóstico de um paciente envolve muitos fatores, por isso, um profissional de saúde que utiliza as técnicas da acupuntura como forma de tratamento complementar estará interessado em sua pulsação, observará o aspecto de sua língua, além da cor e aspecto de sua pele.

Além disso, o acupunturista costuma inquirir sobre vários aspectos da vida do paciente, a fim de ter noção do quadro mais amplo daquela enfermidade apresentada, que pode ter relação com aspectos da vida do paciente relatados por ele e que, somente aparentemente, estão desconectados dos sintomas e mal-estar atuais.

Somente após essa anamnese é que o acupunturista parte para a escolha da técnica mais apropriada para o caso daquele paciente.

É importante observar que as agulhas utilizadas no tratamento não causam dor e que qualquer desconforto em relação a elas deve ser relatado ao acupunturista, para que ele verifique a possibilidade de utilização de outra técnica de acupuntura.

Uma opção é, conforme já citado, a auriculopuntura, que utiliza agulhas bem curtas ou pequenas esferas de aço inox aderidas à orelha por esparadrapo, na cor da pele. O paciente pode ter de ficar com as esferas junto à orelha por algumas horas ou por alguns dias.

Outra opção é a acupressão que, em alguns casos, pode ser feita em pontos específicos do pé relacionados com determinadas partes do corpo. Ao pressionar esses pontos do pé com os dedos, o acupunturista estimula outras regiões do corpo do paciente, promovendo sua recuperação.

Na eletroestimulação, os pontos são estimulados por aparelhos eletrônicos que geram corrente elétrica de baixa intensidade, simulando nossa energia no organismo. O aparelho tanto pode ser conectado às agulhas aplicadas no paciente quanto podem ser utilizados eletrodos autoadesivos.

Já a moxa ou moxabustão aplica calor nos pontos de acupuntura por meio de um bastão contendo erva-de-são--joão (*Artemisia vulgaris*).

∾ Essa técnica serve para você?

Em 1979, a OMS (Organização Mundial de Saúde) listou 41 doenças que foram tratadas com a acupuntura e obtiveram excelentes resultados. Algumas destas doenças são: distensão muscular, dores agudas na coluna, fibromialgia, artrite reumatoide, acne, rinite alérgica, hipertensão, cólicas, gastrite crônica, enxaqueca, sinusite, depressão, ansiedade, insônia, síndrome do estresse competitivo, TPM, dor menstrual etc.

~ Como aplicá-la?

A acupuntura é uma técnica que não pode ser autoaplicada, portanto, é importante procurar um profissional acupunturista de confiança e relatar todo o seu quadro de estresse, incluindo observações sobre sua saúde e hábitos de vida que, aparentemente, não influenciam seu estado atual de estresse. Somente esse profissional será capaz de, avaliando todo o seu quadro, indicar as melhores técnicas de acupuntura para o gerenciamento do estresse.

~ Quanto tempo leva?

Dependendo do tipo de enfermidade que está sendo tratada, o número de sessões de acupuntura pode variar de uma a várias sessões regulares, sempre observando a resposta de cada paciente ao tratamento.

6

GERENCIE BEM SUA VIDA, GERENCIE BEM SEU ESTRESSE

• • •

Gerenciar o estresse em sua vida é algo que depende não somente de técnicas adequadas ao seu perfil, mas também de uma real vontade e disponibilidade de promover mudanças em prol de sua saúde e bem-estar.

O estresse ronda nosso cotidiano e, quando estamos envolvidos por ele, é muito fácil acreditar que os males que acarreta são algo corriqueiro e normal nos dias de hoje. No entanto, sabemos da importância da tomada de atitude em relação ao quadro de estresse que nos acomete, especialmente do estresse crônico – aquele que vem deixando marcas há tempos em nosso estado físico e mental, afetando nossas relações de trabalho e pessoais.

O conjunto de técnicas que apresentei aqui é conhecido por muitos de vocês leitores, e esse livro, obviamente, não pretende esgotar o assunto nem quer servir como um catálogo complexo de todas as técnicas disponíveis no mercado.

No entanto, o que pretendo com essas linhas não é só informar sobre técnicas modernas e milenares de gerenciamento do estresse, mas sim, provocar em você a reflexão sobre seu estado de saúde para que procure um profissional qualificado capaz de lhe identificar como um sujeito pleno e único.

Como sujeito pleno e único, não há soluções prontas e estanques para lidar com padrões de pensamentos e hábitos de vidas que vêm sendo alimentados por anos, sem uma reflexão consciente e um estudo amplo do seu quadro de saúde físico e mental.

O programa de realinhamento que citei anteriormente tem como princípio justamente a procura de uma resposta singular, personalizada e apropriada para alguém que é único em histórico de vida, em hábitos alimentares, em hábitos de lazer, em histórico médico, em padrões comportamentais etc.

O realinhamento promove saúde porque incentiva, sobretudo, a conscientização do indivíduo sobre seu papel de protagonista, em se tratando de gerenciamento do estresse em sua vida.

Certamente, muitos de vocês leitores já se submeteram a alguns tratamentos antiestresse – talvez até alguns que citei aqui – mas voltaram a sofrer do mesmo mal, como um ciclo vicioso.

O problema da aplicação das técnicas isoladamente, sem levar em conta o histórico de cada um de nós, é justamente esse: um efeito pontual, momentâneo, não prolongado.

Isso não significa que se submeter a essas técnicas sem uma avaliação ampla tenha um efeito negativo. Ao contrário, qualquer ajuda, ainda que seus efeitos sejam momentâneos, é válida – considerando, é claro, técnicas legalizadas e reconhecidas como eficazes. No entanto, a longo prazo,

O que percebo na rotina clínica é que querer adaptar os indivíduos às técnicas é inverter a mão do tratamento ideal para o estresse.

Não são os pacientes que devem se enquadrar aos preceitos da técnica para sentirem o efeito de bem-estar. Ao contrário, são as técnicas que devem servir ao bem-estar do paciente e por isso, no início do tratamento, um profissional qualificado é essencial, já que ele promoverá o levantamento de seu quadro clínico e, junto com ele, escolherá as melhores técnicas conforme seu tempo, disponibilidade, aceitação, necessidade etc.

O realinhamento reconhece o quadro clínico, auxilia o paciente na escolha das técnicas e, ao aplicá-las, procura promover a autoconfiança e a contínua autoavaliação do indivíduo, nunca desatando o físico do mental.

Esse tratamento integral permite que o indivíduo perceba que não há bem-estar físico sem o bem-estar mental e vice-versa, e que é importante termos consciência não só de nossos sintomas físicos, mas também de nossos padrões comportamentais e de pensamento que nos conduzem ao quadro de estresse.

Um conjunto de técnicas especialmente selecionadas para você promove autoconhecimento, estado de saúde e bem-estar prolongados, consciência sobre aquilo que precisa ser mudado em seu cotidiano e, sobretudo, lhe auxilia nos primeiros passos em direção à mudança. E o mais importante: essa mudança não vem de fora, mas será algo que você mesmo determinou para si baseado em conversas com o profissional especialista e, portanto, com maior probabilidade de eficácia.

BIBLIOGRAFIA

• • •

ABREU, Juliana Andrade de; MARQUES, Valéria. Estresse ocupacional, conceitos fundamentais para o seu gerenciamento. Disponível em: <http://www.aedb.br/seget/artigos09/288_Estresse%20ocupacional,%20conceitos%20fundamentais%20para%20o%20seu%20gerenciamento.pdf>.

ACUPUNTURA. Disponível em: <http://acupuntura.pro.br/oms/doencas-trataveis/>.

AGÊNCIA GRAFFO. Pesquisa: estresse extremo afeta 30% dos brasileiros. *Diarionline*, 3 ago. 2010. Disponível em: <http://www.diarionline.com.br/?s=noticia&id=17387>.

ARANDA, Fernanda. Pesquisa mostra que brasileiro é o que menos reconhece estresse. *IG*, São Paulo, 25 ago. 2010. Disponível em: <http://saude.ig.com.br/bemestar/pesquisa+mostra+que+brasileiro+e+o+que+menos+reconhece+estresse/n1237760282158.html>.

AZEVEDO, Valmir Antonio Zulian de; KITAMURA, Satoshi. *Stress, trabalho e qualidade de vida*. Unicamp. Disponível em: <http://www.fef.unicamp.br/departamentos/

deafa/qvaf/livros/foruns_interdisciplinares_saude/fadiga/fadiga_cap10.pdf>.

CENTRO DE VIVÊNCIA EM ATENÇÃO PLENA. Disponível em: <http://www.atencaoplena.com>.

DAVIS, Martha; ESHELMAN, Elisabeth Robbins; MCKAY, Matthew. *Manual de relaxamento e redução do stress.* São Paulo: Summus Editorial, 1982.

DIAS, Renata Vianna de Oliveira; LASCIO, Raphael Henrique C. D. *Conhecendo e monitorando o estresse no trabalho.* Psicologia.com.pt: o portal dos psicólogos, 17 set. 2007. Disponível em: <http://www.psicologia.pt/artigos/textos/ A0154.pdf>.

EQUIPE INFO MONEY. Estresse e depressão são problemas que mais afastam profissionais brasileiros. *Administradores: o portal da administração*, 2 jun. 2010. Disponível em: <http://www.administradores.com.br/informe-se/carreira-e-rh/estresse-e-depressao-sao-problemas-que-mais-afastam-profissionais-brasileiros/34035/>.

GREENBERG, Jerrold S. *Administração do estresse.* Barueri: Manole, 2002.

GUPTA, Shri. M. K. *Como controlar a mente para ficar livre do stress.* Bauru: Ide Editora, 2008.

HIRSH, Daniela. Faça as pazes com você mesmo. *Você S/A*, 5 jan. 2010. Disponível em: <http://vocesa.abril.com.br/desenvolva-sua-carreira/materia/faca-pazes-voce-mesmo-523708.shtml>.

HOLZE, Britta K. Mindfulness Meditation Training Changes Brain Structure In Eight Weeks. *PsychSpace*, 21 jan. 2011. Disponível em: <http://www.psychspace.com/psych/ viewnews-3648>.

KEEP OM: living and loving. Disponível em: <http://keepom.blogspot.com/>.

LOTUS POLAR CENTRO DE YOGA. Disponível em: <http://www.yogalotus.com.br/index.htm>.

LUZ, Sandra. Gerenciamento do stress do trabalhador. *Superartigos*, 12 nov. 2008. Disponível em: <http://www.superartigos.com/administracao-e-negocios/gerenciamento-do-stress-do-trabalhador.html>.

MENDONÇA, Camila F. de. Sobrecarga de trabalho é o principal motivo de estresse entre as mulheres. *InfoMoney*, 17 fev. 2011. Disponível em: <http://www.infomoney.com.br/financas/noticia/2043458>.

MENTE ABERTA: portal de divulgação e promoção da meditação mindfulness no Brasil. Disponível em: <http://mindfulnessbrasil.com/>.

PARA VIVER BEM: reflexões sobre uma cultura de bem-estar, lucidez e qualidade de vida. Disponível em: <http://www.paraviverbem.com.br/>.

PASCHOAL, Tatiane; TAMAYO, Álvaro. Validação da escala de estresse no trabalho. Scielo.br. Disponível em: <http://www.scielo.br/pdf/epsic/v9n1/22380.pdf>.

PURA YOGA. Disponível em: <http://www.purayoga.com.br/index.html>.

REVISTA CRIATIVA & MARIE CLAIRE. O que é ioga e quais são seus benefícios. *Portal Revista Época*. Disponível em: <http://revistaepoca.globo.com/Epoca/0,6993,EPT8335291655,00.html>.

SANTOS, João Francisco Severo Santos. Gestão das mudanças: controlando o estresse organizacional. Monografias.com. Disponível em: <http://br.monografias.com/trabalhos/estres-rganizacional/estres-organizacional.shtml#estresgest>.

SANTOSHA: tools for your inner journey. Disponível em: <http://www.santosha.com/tada.html>.

SILVEIRA, Julliane. Brasileiros estão entre os mais estressados do globo. Folha.com, São Paulo, 14 jul. 2010. Disponível em: <http://www1.folha.uol.com.br/equilibrioesaude/766692-brasileiros-estao-entre-os-mais-estressados-do-globo.shtml>.

TACCOLINI, Marcos. Manual de Hatha Yoga. 108 asanas. Métodos práticos. Disponível em: <http://pt.scribd.com/doc/31058519/Manual-de-Hatha-Yoga-108-Asanas--posturas-portugues>

VELOZO, Letícia M.; MUSSI, Marinez S.; LEÃO, Sandra. Estresse: impactos e gerenciamento. Disponível em: <http://www.holonsdf.com.br/estresse.pdf>.

WATKINS, Michael D. Escolha a estratégia de transição certa. Harvard Business Review. Disponível em: <http://www.hbrbr.com.br/index.php?codid=17>.

WIKIPÉDIA: a enciclopédia livre. Acupuntura. Disponível em: <http://pt.wikipedia.org/wiki/Acupuntura>.

WIKIPÉDIA: a enciclopédia livre. Asana. Disponível em: <http://pt.wikipedia.org/wiki/Asana>.

WIKIPÉDIA: a enciclopédia livre. Meditação. Disponível em: <http://pt.wikipedia.org/wiki/Medita%C3%A7%C3%A3o>.

WIKIPÉDIA: a enciclopédia livre. Meridiano (acupuntura). Disponível em: <http://pt.wikipedia.org/wiki/Meridiano_(acupuntura)>.

WIKIPÉDIA: a enciclopédia livre. Pranayama. Disponível em: <http://pt.wikipedia.org/wiki/Pranayama>.

YOGA CASA VERDE. Disponível em: <http://www.yogacasaverde.com.br/index.php>.

YOGA LIFE: anotações de uma praticante e eterna estudante de Hatha Yoga. Disponível em: <http://japanaindia.blogspot.com/2010/10/surya-namaskar-saudacao-homenagem-ao.html>.

YOGA PT. Disponível em: <http://www.yogapt.net/index.php>.

YOGA & HUMANS THINGS. Disponível em: <http://yoga--humanthings.blogspot.com/2011/06/yoga-laboral.html>.

O AUTOR

• • •

Fernando Fernandes

www.drfernandofernandes.com.br
www.dayacursos.com.br
ffercf@yahoo.com.br

Para saber mais sobre o nosso catálogo, acesse:
www.iconeeditora.com.br

• • • • • • • • • • • •

Este livro, composto nas tipologias
Helvetica Neue, Caflisch, Eras e Lithos
foi impresso pela Imprensa da Fé
sobre papel offset 75 gramas para a
Ícone Editora em fevereiro de 2012

• • • • • • • • • • • •